La Question

DES GRANDES ET DES PETITES COMMUNES

THÈSE POUR LE DOCTORAT

ACTE PUBLIC SUR LES MATIÈRES CI-APRÈS

Sera soutenu le Mardi 20 Février 1900, à 2 heures 1/2

PAR

Alfred PORCHÉ

Président : M. BERTHÉLEMY.
Assesseurs : { MM. WEISS. SOUCHON. } professeurs.

PARIS

LIBRAIRIE NOUVELLE DE DROIT ET DE JURISPRUDENCE

ARTHUR ROUSSEAU, ÉDITEUR

14, RUE SOUFFLOT ET RUE TOULLIER, 13

1900

THÈSE

POUR LE DOCTORAT

UNIVERSITÉ DE PARIS. — FACULTÉ DE DROIT

La Question
DES GRANDES ET DES PETITES COMMUNES

THÈSE POUR LE DOCTORAT

L'ACTE PUBLIC SUR LES MATIÈRES CI-APRÈS

Sera soutenu le Mardi 20 Février 1900, à 2 heures 1/2

PAR

Alfred PORCHÉ

Président : M. BERTHÉLEMY.

Assesseurs : MM. WEISS. SOUCHON. *professeurs.*

PARIS

LIBRAIRIE NOUVELLE DE DROIT ET DE JURISPRUDENCE

ARTHUR ROUSSEAU, ÉDITEUR

14, RUE SOUFFLOT ET RUE TOULLIER, 13

1900

A MON PÈRE ET A MA MÈRE

A MON ONCLE : EUGÈNE PORCHÉ

A MON PARRAIN :

MONSIEUR ALFRED DAVID

OFFICIER DE LA LÉGION D'HONNEUR

CONTROLEUR GÉNÉRAL DE L'EXPLOITATION COMMERCIALE DES CHEMINS DE FER P.L.M.

A MA GRAND'MÈRE

INTRODUCTION

Les opinions peuvent diverger sur le point de savoir si, dans l'état actuel des choses, il est possible de réaliser une large décentralisation administrative, mais les meilleurs esprits s'accordent à reconnaître que cette décentralisation est de tous points désirable, et, si beaucoup pensent qu'il serait dangereux de l'opérer d'un jour à l'autre, ils estiment qu'on ne saurait faire trop d'efforts pour en hâter l'avènement. Aucun mot, certes, n'est plus beau que celui de liberté, mais aucun peut-être n'est moins souvent compris et n'expose à plus de risques l'idée qu'il exprime : la liberté véritable suppose l'intelligence et les moyens d'agir : un homme ne peut librement se prononcer sur une question qu'il ne comprend pas, et même, sa décision étant prise, il ne sera vraiment libre que s'il peut réaliser sa volonté dans l'acte. Il n'en va pas autrement des personnes morales que des personnes physiques : on veut donner aux communes l'autonomie, il faut auparavant s'assurer qu'elles sont assez éclairées et assez puissantes pour en faire un bon usage; et ici l'intérêt public s'oppose à ce qu'on agisse à la légère : car rien ne serait pour lui plus néfaste qu'un droit donné à des incapables. Or, de l'avis de tous, nos communes sont telles aujourd'hui qu'on ne pourrait sans folie les abandonner à elles-mêmes ; bien plus, il est certain qu'on a dès maintenant beaucoup trop compté sur elles ; et dès lors des réformes s'imposent : il n'y a plus seulement un idéal à réaliser, il y a des inconvénients actuels à combattre avant tout ; des services de première importance souffrent de la faiblesse de nos communes, et comment en serait-il autrement avec 36.000 municipalités ? Il faut que cet état de choses cesse ; il faut, que, d'une manière ou d'une autre, l'impuissance fasse place à la force et à la solidité ; ainsi seulement pourront se compléter les grandes œuvres d'assistance, de voirie, d'instruction publique, etc. C'est l'étude des divers moyens proposés ou essayés dans ce but que j'entreprends. Depuis plus d'un siècle le mal dont je parle a frappé les réformateurs et les hommes politiques, les projets se sont succédé jusqu'à nos jours sans qu'on soit peut-être arrivé à une solution parfaite ; l'expérience est donc assez longue pour que par elle la question s'éclaire, et elle nous montre qu'en ces matières le raisonnement n'est pas toujours la raison ; je veux donc m'en tenir uniquement aux faits ; à mon âge mon rôle n'est pas encore de parler, mais de regarder, d'écouter et de tirer un enseignement.

Quand et comment s'est posée la question des grandes et des petites communes ? l'ancien régime ne l'a pas connue ; fort peu préoccupé d'une organisation logique, il ne songeait point à modifier les résultats de l'histoire ; la Révolution au contraire, quitte à retomber bien souvent, d'ailleurs, dans l'ornière déjà parcourue, a pensé faire table rase des institutions et a voulu tout soumettre à l'épreuve du raisonnement. Les discussions de l'assemblée constituante seront donc le point de départ de cet exposé ; mais sur le point spécial qui m'occupe comme sur tant d'autres, une préparation sourde s'était faite dans les écrits des philosophes sous le règne de Louis XVI ; de sorte que, s'il a fallu 1789 pour permettre la lumière des débats publics, il serait inexact et injuste pourtant d'oublier les précurseurs dont l'influence devait être si marquée.

L'organisation municipale de l'ancien régime était toute différente suivant qu'il s'agissait des villes ou municipalités qui avaient un corps de ville ou des collectivités qui n'en avaient pas ; ces dernières formaient naturellement le droit commun et ce sont elles que visent surtout les réformateurs. On les nommait communautés d'habitants des paroisses ; la paroisse était en effet l'unité, la cellule administrative ; or, les philosophes reprochaient à ce régime deux inconvénients capitaux, la faiblesse des paroisses rurales provenait de deux causes principales ; d'abord, et cela ne m'intéresse pas ici, leur seul organe véritable était l'assemblée générale des habitants taillables composée fatalement d'éléments trop nombreux et trop grossiers pour fonctionner d'une façon satisfaisante ; d'autre part, la paroisse était vraiment bien petite pour fournir une organisation active et des ressources suffisantes. Voilà

donc formulé le grief que l'on opposera durant tout le
siècle suivant aux petites communes, voilà le germe des
plans qui vont se succéder. Quelles mesures proposaient
les écrivains du xviiie siècle ? En 1764 déjà, d'Argenson
dans ses considérations sur le gouvernement ancien et
présent de la France, indiquait que, lorsque les bourgs et
villages seraient trop petits, on pourrait en réunir deux ou
plusieurs pour former une seule communauté ; mais il n'y
avait là aucune conception d'ensemble. Toute différente était
celle que présentait l'économiste Le Trosne dans son livre
*De l'Administration provinciale et de la réforme de
l'impôt*, Bâle, 1779 ; c'est un remaniement total qu'il
demandait : la division du royaume était mauvaise, il
fallait donc lui substituer une division nouvelle : Le Trosne
ne voulait pas conserver la paroisse ancienne, mais établir
des arrondissements qui, en principe, devaient avoir une
étendue égale ; ces subdivisions sont appelées aussi quelquefois cantons, mais le terme technique est : arrondissements. Dans cette organisation, les différentes paroisses
fondues perdaient leur ancienne unité administrative
pour n'être plus qu'une partie intégrante de l'arrondissement ; Le Trosne voyait bien les objections, il proposait
même de laisser dans chaque paroisse un syndic particulier, mais qui ne serait pour ainsi dire qu'un vicaire,
un délégué du syndic d'arrondissement. Je n'insiste pas
davantage sur ce projet, il suffisait de marquer la place
qui lui revient, car il ne tardera pas à reparaître plus ou
moins modifié devant les Assemblées de la Révolution.

PREMIÈRE PARTIE

PÉRIODE RÉVOLUTIONNAIRE
LES GRANDES COMMUNES

§ 1. — Les discussions à la Constituante.

Les discussions à la Constituante. — Le projet Thouret. Argumentation de ses adversaires : Mirabeau, Bengy de Puyvallée, Ramel-Nogaret, Pison du Galand. Réponse aux objections : Target. Le projet repoussé ; la loi des 2-14 décembre 1789. Une lettre de Sieyès.

La Constituante, voulant refondre complètement les institutions administratives de la France comme ses institutions gouvernementales, dut s'occuper avant tout de la division du territoire, car les anciennes provinces étaient considérées comme un obstacle à l'œuvre nouvelle, et puis, on rêvait d'une unité de conception que le régime précédent n'avait jamais connue. Le Comité de constitution fut donc chargé de préparer un projet et c'est sur ce projet que la discussion s'engagea ; quel était-il et quels arguments faisaient valoir en sa faveur ses partisans par l'organe du rapporteur Thouret ? Le projet présentait en même temps et « sur des bases communes, le

double édifice de la représentation nationale et de l'administration municipale et provinciale » ; c'est le second point
seulement qui m'intéresse, il est indispensable néanmoins
de prendre un aperçu du premier, car, le rapporteur lui-
même le déclare en abordant la deuxième partie de son
travail, « c'est sur la même base, c'est-à-dire sur la même
assise des assemblées primaires, qu'il s'agit d'élever un
édifice politique qui est la constitution municipale ».
Thouret proposait donc de diviser la France en 80 départements de 324 lieues carrées, chacun d'eux était divisé
en 9 grands districts appelés « communes », véritables
unités politiques du pays, et comprenant 36 lieues carrées,
chaque commune était subdivisée en 9 cantons de
4 lieues carrées ; l'organisation de tous ces districts était
constituée « de manière à ce qu'elle serve en même temps
à la formation du corps législatif et à celle des diverses
classes d'assemblées administratives. » A chaque degré
de la division, on établissait donc deux séries d'assemblées
parallèles, les unes étaient des assemblées administratives, les autres des assemblées électorales. L'administration municipale ne figurait point dans ces séries parallèles,
elle était considérée comme une matière toute spéciale,
mais les liens étaient intimes, car Thouret proposait de
prendre comme unité municipale la grande commune ; il
n'y aurait eu en France que 725 communes ; le système
était en grande partie le système de Le Trosne, mais les
temps seuls expliquent la hardiesse avec laquelle on demandait de tels bouleversements ; quels arguments ap-

portait-on pour attaquer ainsi les plus anciennes et les
plus solides des traditions ? Il est curieux de voir combien
peu le rapport insiste sur ce point. Comme Le Trosne,
Thouret a pour but d'augmenter les forces de chaque
municipalité en rassemblant à un seul point celles d'un
même territoire que leur dispersion réduit à l'inertie.
« Au lieu d'atténuer la vigueur nationale en divisant le
peuple par petits corps, dans lesquels tout sentiment géné-
reux est étouffé par celui de l'impuissance, créez plutôt
de grandes agglomérations de citoyens unis par des rapports habituels, confiants et forts par cette union, agran-
dissez les sphères où se forment les premiers attachements
civiques et que l'intérêt de communauté, si voisin de
l'intérêt individuel, si souple sous l'influence des hommes
à crédit quand ses moyens sont faibles et son objet trop
borné se rapproche davantage de l'esprit public en acqué-
rant plus de puissance et d'élévation. » Le rapport indique
que de nombreux dangers sont à craindre avec le système
des petites paroisses ; celles-ci sont facilement séduites
par l'intrigue et subjuguées par l'autorité ; elles dissipent
aussi leurs ressources et contractent des dettes inconsi-
dérées ; au contraire « les corps dépositaires de l'autorité
municipale » deviendraient « plus éclairés et plus puissants en devenant moins nombreux » ; on pourrait alors les
utiliser « sous une infinité d'autres rapports publics, soit
pour la police, soit pour l'administration de l'impôt, soit
pour l'inspection et l'emploi de la garde nationale, etc. »
Le Comité se défendait d'ailleurs d'enlever toute indivi-

dualité aux villes ou communautés qui ne seraient pas chefs-lieux de communes ; elles pouvaient en effet présenter à l'administration communale des requêtes et pétitions, et pour la préparation de ces réclamations, on établissait dans chacune d'elles, suivant une idée de Le Trosne, une agence ou bureau municipal, qui en même temps servirait, sous les ordres du maire de la grande commune, à l'exécution des décisions qui seraient prises.

Le passé ne tarda pas à revendiquer ses droits contre la réforme proposée : il est à remarquer, cependant, que l'appel à la tradition ne figure pas de façon principale dans les attaques qu'elle eut à subir ; cela se comprend, une forte majorité voulait supprimer les provinces en faveur desquelles aussi l'on pouvait invoquer de longs siècles d'existence. La résistance se fit surtout au nom du principe révolutionnaire de l'égalité. « Nous avons attaqué tous les genres d'aristocratie, s'écriait Mirabeau, celle que pourraient exercer les villes sur les villages serait-elle moins dangereuse ?..... Le but de toute bonne société ne doit-il pas être de favoriser les habitants de la campagne, je dis plus, de les honorer, de leur faire sentir à eux-mêmes leur propre importance ? » D'autres orateurs insistaient et apportaient le résultat de l'expérience ; d'après Bengy de Puyvallée, l'inconvénient qui a frappé les membres de l'Assemblée provinciale créée dans le Berry par Necker, en 1778, c'a été justement l'aristocratie municipale. « Dans quelques cantons de la province, disait-il, les paroisses des villes s'étendaient fort au loin dans les

campagnes. Cette partie des campagnes était tyrannique-
ment subjuguée par les villes surtout dans la répartition
de l'impôt et dans la contribution aux charges publiques.
L'administration provinciale n'a pu parvenir à soustraire
les campagnes à l'inquisition et aux vexations municipales
qu'en mettant une ligne de démarcation entre les villes et
les campagnes et en établissant deux collectes distinctes
et séparées. » Un autre député, Ramel-Nogaret, s'appuyait,
en des termes plus énergiques encore, sur ce qui se pas-
sait déjà en Languedoc où certaines municipalités s'étendaient sur plus d'un bourg ou village. « Vous prenez tout
pour vous, disent les habitants de la campagne à ceux de
la ville ; les officiers de police sont toujours pris parmi
vous ; ce n'est que pour vous et au milieu de vous qu'ils
agissent et qu'ils exercent leurs fonctions ; et cependant
vous nous faites contribuer à leur salaire. Vous nous
faites contribuer à l'entretien du pavé de vos rues, vous
ne permettez pas de réparer nos sentiers. Nous payons
vos illuminations sans en profiter, etc. » Au point de vue
politique, on objectait au rapporteur que de grandes
communes, très puissantes, créeraient un véritable danger ;
le pouvoir exécutif ne pourrait rien contre elles, même au
cas d'insurrection ou de refus de payer l'impôt, puisque la
force militaire est impuissante sans l'attache des officiers
municipaux ; une coalition entre l'exécutif et quelques-
unes des municipalités les plus redoutables ne pourrait-
elle pas menacer ainsi le corps législatif? Quel manque de
logique d'ailleurs dans l'œuvre proposée !

« Le Comité, remarquait Bengy de Puyvallée, par sa division en départements diminue l'influence des corps administratifs, au contraire, il augmente la consistance, il accroit la force des municipalités qu'il veut rendre indépendantes », était-ce là le moyen de faire renaître l'ordre et d'établir cette symétrie qui fait la beauté d'un édifice national ? D'autres adversaires enfin du projet Thouret se plaçaient pour le combattre sur un terrain plus pratique. Pison du Galand notamment lui reproche l'éloignement de l'administration ; « on crée, il est vrai, des bureaux municipaux, mais pourquoi deux degrés ? il en résulterait beaucoup de lenteur par la multitude des recours » ; il s'appuie d'ailleurs sur une comparaison entre Paris et les paroisses rurales, c'est très intéressant, car il semble qu'on considérât alors comme une absurdité la division des grands centres qui remplira les discussions de la Convention ; le passage est à relever pour sa précision : « Les différentes villes, bourgs ou communautés ne peuvent non plus renoncer à leur unité particulière pour se donner une municipalité commune d'arrondissement, que Paris ne pourrait renoncer à la sienne pour se donner autant de municipalités particulières que de districts. Que si le siège du Gouvernement ou les besoins du commerce ont rassemblé une multitude immense dans Paris, la nature et les besoins d'agriculture ont séparé les habitants de nos campagnes à de grandes distances ; que si les habitants de Paris peuvent se rassembler à tout instant sans frais et presque sans peine, nos laboureurs, dispersés, ne le pourraient pas sans de grandes pertes de temps, sans des dépenses au dessus de leurs moyens et souvent sans des peines au dessus de leurs forces. Nos villes de province, nos bourgs, nos villages qui, comme Paris, ont leur unité particulière, leurs biens, leurs affaires propres doivent pareillement avoir leur municipalité propre à la même proximité, avec la même commodité et surtout avec économie. » Cette proximité, d'ailleurs, n'a pas seulement, ajoutait-on, l'avantage de réduire les frais et de supprimer bien des lenteurs, elle est la condition nécessaire d'une bonne répartition de l'impôt. « Qui doute, s'écriait Mirabeau, que le seul moyen de parvenir à une égale répartition ne soit de l'opérer de cette manière : non de loin, non par grandes masses, non sous de vagues aperçus, mais de proche en proche, mais par ceux qui, connaissant tous la fortune de leurs voisins et de leurs égaux, ne peuvent pas se tromper et n'ont plus à craindre ni l'arithmétique ministérielle, ni la balance inégale des commis et des valets des intendants ? »

Les discours de Thouret ne répondent guère à toutes ces objections : préoccupé surtout de la première partie de son plan vivement entreprise par Mirabeau, c'est principalement sa division administrative qu'il s'efforçait de défendre; en termes vagues seulement, il affirmait que les dangers politiques présentés comme les conséquences des grandes municipalités n'étaient que chimériques. « La municipalité, disait-il, est par rapport à l'Etat précisément ce que la famille est par rapport à la municipalité dont elle fait partie.... Mais il ne faut pas conclure de là que les municipalités sont indépendantes des pouvoirs publics ; disons qu'elles sont soumises à ces pouvoirs, mais qu'elles n'en font pas partie, disons qu'elles y sont soumises comme les individus, comme les familles privées, qu'elles doivent obéissance aux actes de la législature et qu'elles dépendent du pouvoir exécutif, soit par les corps administratifs dans tout ce qui est du ressort de l'administration générale, soit par les tribunaux dans tout ce qui est du ressort du pouvoir judiciaire ». Ce fut Target qui essaya de ruiner le reproche dominant de l'aristocratie des villes ; il le fit, il faut bien le dire, d'un point de vue très élevé, en s'appuyant sur l'idée de solidarité chère aux économistes. « C'est dans l'état de séparation que les haines sont nées, c'est dans l'union qu'elles doivent s'éteindre. Occupés ensemble du bien de tous, ils (les campaguards) apprendront des villes que la terre les nourrit, ils apprendront des villes que la consommation est l'agent de la culture ; le commerce ne sera plus indifférent aux productions ; les producteurs sauront que le commerce donne l'impulsion, le mouvement et la valeur aux denrées ; c'est alors, seulement alors, que nous formerons une nation. Ce n'est pas en séparant les gens. de crainte qu'ils se battent, c'est en les rapprochant, en les forçant à s'aimer qu'on tue l'aristocratie et qu'on fait des citoyens. » En les forçant à s'aimer ! ces mots ne contenaient-ils pas la condamnation du système qu'ils voulaient soutenir ? comme si les sentiments de la solidarité mutuelle pou-

vaient naître de la contrainte ! Combien plus avisés étaient
les Physiociales qui voulaient d'abord instruire le peuple,
lui donner conscience de cette solidarité, après quoi les
réformes nécessaires se seraient effectuées d'elles-mêmes.

Quoi qu'il en soit, la discussion s'attardait depuis quelques
mois, le peuple réclamait impatiemment une loi municipale,
il fallait en finir ; en quelques mots, Malouet porta le dernier
coup au projet du Comité. « Changer absolument dans tout
le royaume le régime municipal... en enrégimentant, pour
ainsi dire, des villes, bourgs et villages qui avaient une
existence propre et indépendante de toute autre municipalité,
cette innovation sera pour toute la France une contrariété,
une disconvenance sensible, sans aucun avantage appa-
rent, car s'il est utile d'établir un point central pour des
intérêts communs dans un même district, dans un même
département, la police et la gestion des affaires locales
d'une ville ou d'un bourg y doivent être abandonnées à
leurs propres officiers et c'est là ce qui constitue le régime
municipal qu'il s'agit aujourd'hui de rendre universel et
uniforme, mais non de circonscrire dans les lieux privilégiés. Adopter le projet Thouret, « c'est diviser les
citoyens au lieu de les réunir, c'est imprimer un grand
mouvement aux petites affaires et mettre une trop grande
somme d'intérêts particuliers en compromis avec l'intérêt
public. » Ce réquisitoire répondant en somme au vœu de
la plus grande partie de la nation (1), emporta le vote de

(1) La majorité sollicite l'établissement dans les villes, bourgs et

l'Assemblée. Il fut décidé dans la séance du 12 novembre
1789 qu'il y aurait une municipalité dans chaque bourg,
paroisse ou communauté de campagne et la disposition
passa dans la loi des 2-14 décembre 1789.

La France se trouvait donc avoir 44,000 municipalités ;
c'était un chiffre énorme, de plus la Constituante dans son
désir exagéré de l'égalité leur avait donné à toutes une
organisation identique ; dans ces conditions, la pratique
devait donner beau jeu aux partisans des grandes communes ; les petites paroisses habituées jusque-là à se
laisser mener par les intendants, se trouvaient du jour au
lendemain investies de droits qu'elles ne savaient pas
exercer : les grandes villes, d'autre part, en cette époque
troublée, suscitaient les inquiétudes du gouvernement
par leur population et par l'agitation dont elles se faisaient
le centre. C'est peut-être ces inconvénients qui expliquent
les instructions successives de l'Assemblée — 12 août 1790,
15 mars 1791 — restreignant de plus en plus le cercle
d'attributions des municipalités et les subordonnant entiè-
rement au district et au département ; la Constitution de
1791 ne mentionne même pas la commune dans la division
du royaume, « on semble vouloir lui faire comprendre
qu'on n'entend lui conserver aucune signification et aucune

villages d'une même forme d'administration pour toutes les municipalités. Résumé du cahier du clergé. Les villes, bourgs et villages
auront des municipalités électives auxquelles appartiendra l'administration de leurs intérêts locaux. Cahier du Tiers-État de Paris.

valeur politique (1)... » On trouve dans le *Moniteur* un document bien intéressant à cause de l'homme dont il émane et aussi parce qu'il semble indiquer un état général des esprits nettement hostile à la loi de 1789 : c'est une lettre de Sieyès en réclamation à Clermont-Tonnerre, qui l'avait dans une brochure déclaré créateur ou père des 44.000 municipalités ; Sieyès proteste avec énergie, le vote de cette mesure, dit-il, lui fit éprouver, au contraire, « un mélange de douleur et d'indignation », c'est une « insigne folie ». — « On m'a toujours entendu demander de petites provinces et de grandes communes. » — Quelques idées de constitution applicables à la Ville de Paris. — « Dans le Comité de Constitution nous ne voulions qu'une municipalité par district et vous m'accusez d'avoir donné naissance à ces 44.000 municipalités, à ce chaos politique où l'on ne voit goutte, à cette mer de sables mouvants sur lesquels il est impossible de fonder solidement une véritable monarchie (2) ». L'Assemblée législative ne fut cependant saisie d'aucune proposition ferme de réforme, je n'ai trouvé en ce sens qu'un vœu émis dans la séance du 8 novembre 1791 par M. Labergerie dans une discussion sur les moyens d'activer la répartition des contributions. « Le retard des municipalités, disait l'orateur, provient de l'ignorance de ceux qui sont à leur tête. Sur 44.000 municipalités de ce genre, il y en a 20.000 dans

----

(1) Chevillard, *Divisions administratives de la France*, t. I.
(2) Réimpression de l'ancien *Moniteur*, n° du 13 octobre 1791.

lesquelles les officiers municipaux ne savent ni lire ni écrire. Il faut hâter la réduction des municipalités. »

§ 2. — Les discussions à la Convention.

Les discussions à la Convention. — I. Constitution de 1793 : 1° Période girondine. Rapport de Condorcet ; — 2° Période jacobine. Idées émises par Louvet. La Municipalité de Paris. Rapport de Hérault de Séchelles. — II. Constitution de l'an III. Rapport de Boissy d'Anglas. Les articles 178 et suivants. La Constitution de l'an VIII. La loi du 28 pluviôse an VIII. — Échec du système des grandes communes.

Au contraire de l'Assemblée législative, la Convention vit se poser devant elle de façon principale, la question des grandes communes, et cela à plusieurs reprises, pendant les débats sur les divers plans de constitution qui lui furent soumis.

I° — *Constitution de 1793.* — Pendant la longue élaboration qui précéda l'accomplissement de cette œuvre mort-née, on peut distinguer, au point de vue qui m'occupe deux périodes de caractère très différent, la période girondine et la période jacobine.

1° *Période girondine.* — Elle est marquée par le projet qu'on appelle couramment « Constitution girondine » : la discussion en fut interrompue par les événements politiques, aussitôt après le vote de la déclaration des droits qui en était la préface ; il est cependant intéressant de s'y arrêter parce que les principes posés par elle seront repris, cette fois avec plein succès, après le 9 thermidor. Voici le texte proposé : Titre 1er. De la division du territoire. — Art. IV. Chaque département sera divisé en grandes communes, les communes en sections municipales et en assemblées primaires. — Art. V. Cette distribution du territoire de chaque département en grandes communes se fera de manière qu'il ne puisse y avoir plus de deux lieues et demie de l'habitation la plus éloignée au centre du chef-lieu de la commune. — Art. VII. Il y aura dans chaque commune une administration subordonnée à l'administration du département et dans chaque section une agence secondaire. Condorcet, rapporteur, montrait que la distribution des hommes sur le territoire, « fondée sur les dispositions des terrains, la direction des fleuves, la nature du sol, le genre de production et les habitudes de la vie » est faite avec une extrême inégalité ; malgré cette excessive disproportion, la tâche du législateur est de chercher à rétablir par la distribution des pouvoirs sociaux l'égalité que la justice exige, c'est-à-dire celle que la nature même des choses peut admettre. « Or, cette égalité ne peut exister réellement qu'avec un système de grandes communes. Toute réunion de familles dès qu'elle est isolée, semble demander qu'un agent de la loi y veille à la sûreté commune ; mais ses fonctions doivent être resserrées dans les plus étroites limites ; on ne pouvait les étendre sans s'exposer à ne pas trouver des hommes capables de les remplir, sans enlever trop d'individus à des travaux nécessaires. Un certain nombre de ces réunions premières, ce sont les sections municipales du projet, peuvent former des communes où le nombre des citoyens permette de trouver des hommes en état d'exercer des fonctions plus étendues. Les communes deviennent alors des espèces de villes où seulement la population est plus dispersée ; il existe entre elles et les villes de médiocre étendue une sorte d'égalité de population et de richesse. » Le projet girondin, tenant compte de certaines observations faites à la Constituante, faisait une curieuse restriction au point de vue de la distance : d'après le rapport, il ne fallait pas que la distance de l'habitation la plus éloignée du lieu où les pouvoirs publics sont exercés soit trop grande « pour qu'un individu, même faible, ne puisse s'y transporter commodément, y suivre une affaire et retourner dans son domicile pendant la durée d'un jour. » L'idée mathématique dominait donc ici, comme elle avait dominé les travaux du Comité de 1789, mais tandis que le projet Thouret ne s'occupait que de la division du territoire, l'élément principal, et c'était un progrès, était devenu en 1792 la population ; seulement, le principe nouveau, « approcher le plus possible d'une égalité numérique », portait en lui une autre conséquence logique : le projet groupait bien les petits hameaux pour former une agglomération équivalente à celle des villes de médiocre étendue ; en sens inverse ne fallait-il pas diviser les grandes villes ? Condorcet ne répondait pas, mais le point d'interrogation ne devait pas tarder à se poser de lui-même, et cette question, considérée en 1789 comme réfutant *per absurdum* le système des grandes communes qui lui donnait naissance, allait devenir la question dominante jusqu'à la Constitution de l'an III.

2° *Période jacobine*. — Le projet girondin fut fort mal accueilli par les partis avancés, d'autre part la Convention avait invité tous les faiseurs de constitution à communiquer leurs plans (1), de sorte qu'au lieu de prendre base sur un terrain solide, la discussion s'engagea confuse, chacun montant à la tribune pour développer ses idées plus ou moins fantaisistes. Quelques orateurs cependant émirent des idées intéressantes et précises sur la création des grandes communes. Louvet, notamment, prononça sur ce point un discours très net qui mérite d'être au moins analysé. « Au lieu des municipalités actuellement existantes, disait-il, on vous propose d'établir de grandes communes. Ce changement aura-t-il quelque utilité réelle? ». On met en avant certains avantages, d'abord la simplification de la machine politique par la diminution du nombre des agences ; puis, dit-on, dans une plus grande population, on trouve plus facilement des hommes capables. Mais les inconvénients l'emportent de beaucoup ; à ces grandes communes, en effet, il faudrait un chef-lieu, qui serait nécessairement le maître de l'Administration, car dans les élections, ses habitants n'ayant pas à se déplacer voteraient tous tandis qu'il y aurait dans les

(1) Duguit et Monnier, *Les Constitutions de la France*, p. 28.

campagnes un chiffre énorme d'abstentions. De plus, « l'Administration municipale, paternelle de sa nature, a besoin, pour être véritablement utile, d'être dirigée en quelque sorte sous les yeux et sous l'influence immédiate des administrés ; le système proposé n'amènerait que soupçons, qu'ombrages et défiances ». Après trois ans d'épreuve d'ailleurs se sont formés des hommes suffisamment capables et, « si une heureuse nécessité n'avait pas, par vos prédécesseurs, imposé aux campagnes de s'instruire, c'est à vous qu'il appartiendrait de la faire naître, cette nécessité. » En tout cas, si on adopte les grandes communes on devra « séparer avec soin les communes de campagne des communes de ville », autrement les villes prendront une prépondérance marquée dans l'Administration, et les campagnes seront infailliblement mal administrées « par des citadins qui ne connaîtront pas leurs besoins ou à qui ces besoins seront indifférents ». Enfin, si l'on établit de grandes communes, Louvet pense qu'il faudra en salarier les agents. Voilà donc un essai de réfutation méthodique de la division municipale préconisée par Condorcet ; mais cette question devait faire place à une autre qui la fit bientôt oublier dans le déchaînement des passions qu'elle suscita.

Le 23 mai 1793, le problème municipal se trouva retourné en effet, ou plutôt, il s'agit de savoir si l'égalité devait produire toutes ses conséquences : fixera-t-on un maximum de population pour chaque municipalité ? Dans les villes dont la population est supérieure au maximum,

formera-t-on plusieurs municipalités? En réalité, il s'agissait surtout de frapper la municipalité de Paris, devenue
pour la Convention nationale un danger permanent; je
n'insisterai pas sur ce sujet; il faut pourtant y toucher,
pour comprendre l'œuvre accomplie plus tard par la
Constitution de l'an III. Les adversaires de la division,
presque tous Jacobins, invoquaient le principe de l'unité :
« la juridiction municipale est une, disait Saint-Just,
parce que la voix d'une ville ou bourg est une » ; d'ailleurs,
d'après Thuriot, « c'est dans les grandes cités que le pa-
triotisme conserve son énergie; c'est là que dans les
grands dangers la patrie trouve de grandes ressources »,
la division, au contraire, ferait naitre des haines impla-
cables et la guerre civile. Les arguments ne manquaient
pas cependant aux partisans du maximum : « les grandes
villes, disait Rabaut-Pommier, rendent plus difficile et
plus nécessaire le rapprochement entre les administrateurs et les administrés. Les habitants d'une même rue,
d'une même maison se connaissent à peine ; la corruption
des mœurs, la division des citoyens s'y multiplient en
raison de la population, et comment une seule municipalité
embrasserait-elle cette multitude d'objets sous ses re-
gards? » On objecte qu'une grande ville est un tout indi-
visible, c'est-à-dire un ensemble de citoyens réunis par
les mêmes intérêts, et qui ne peuvent être séparés par une
administration différente sans que ces intérêts ne soient
compromis; mais il suffit « d'établir une administration
particulière pour chaque municipalité et une administra-

tion générale chargée des objets qui seront d'un intérêt général pour la ville. On craint les divisions; mais chaque municipalité aura des limites exactement tracées et les autorités supérieures éteindront aisément les conflits. » Un autre orateur, Buzot, insistait sur les dangers politiques des grands centres, il citait une phrase de Rousseau : « La liberté ne peut exister longtemps au milieu d'une grande masse d'hommes qui dévore et domine tout ce qui l'environne »; le fractionnement de ces masses rétablira la hiérarchie des pouvoirs, garantie de la liberté, mais qui n'existe plus ici où la municipalité est plus puissante que le département. Les divisions intestines ne sont à craindre que dans la période révolutionnaire, mais il faut voir le temps où la Constitution définitivement acceptée ramènera la paix. Pourquoi, d'ailleurs, une grande ville serait-elle plus agitée qu'un département divisé en districts? Et Buzot terminait en dénonçant directement le danger de Paris pour l'indépendance du Corps législatif et en invoquant le modèle des États-Unis : « Souvenez-vous qu'un État, qui nous sert d'exemple en liberté, fit bâtir une ville exprès pour être dépositaire de la représentation nationale. » — Une phrase enfin, de Guyomard, indique assez bien l'idée des théoriciens de l'égalité entre les communes. « La balance politique exige un taux plus ou moins approximatif de population entre les municipalités; autrement vous sacrifiez les campagnes à l'espèce de maternité des grandes villes, qui pourraient un jour n'être qu'une marâtre, tandis que le système de l'égalité veut qu'elles soient sœurs. » Pendant qu'on discutait à la Convention, l'effervescence augmentait dans la ville; la commune de Paris, menacée par les idées nouvellement émises, organisait l'insurrection du 31 mai; puis, à l'instigation de Marat, le 2 juin, une députation du Conseil général réclamait à la barre de l'Assemblée un décret d'accusation contre les Girondins; après des hésitations, ceux-ci furent arrêtés.

De toutes parts, cependant, on réclamait une Constitution; aussi, dès le 3 juin, la Convention chargea-t elle le Comité de Salut public de rédiger un nouveau projet. Le Comité remania simplement un plan qu'avait élaboré le club des Jacobins pour l'opposer à la Constitution girondine, sa tâche fut ainsi achevée au bout de quelques jours; dès le 10 juin, Hérault de Séchelles présentait son rapport (1). La Commune de Paris était victorieuse, il ne pouvait donc pas être question de reprendre le système du maximum; mais on alla plus loin et on abandonna complètement aussi le projet des grandes communes; le rapport s'explique sur ce point en termes fort intéressants. « Pouvions-nous ne pas conserver les municipalités, quelque nombreuses qu'elles soient? ce serait une ingratitude envers la Révolution et un crime contre la liberté, que dis-je?, ce serait vraiment anéantir le gouvernement populaire. Quel malheur pour les citoyens si, dans quelques-unes de leurs communes (et pour peu qu'on

____

(1) Duguit et Monnier, *op. cit.*, p. 32.

réduise la réduction, ne peut aller à moins de 14.000), ils étaient privés de la consolation de s'administrer fraternellement! L'espèce humaine est un composé de familles dispersées çà et là, et plus ou moins nombreuses, mais qui, toutes, ont les mêmes droits à la police et au bonheur. L'écharpe, qui couvre des lambeaux, est tout aussi auguste que l'écharpe des cités les plus populeuses. L'homme qui la porte ne consentirait pas plus à l'abandonner qu'à se dessaisir de son vote ou de son fusil. Et, d'ailleurs, quel peut être l'inconvénient? Non ! l'idée de retrancher des municipalités n'a pu naître que dans la tête des aristocrates, d'où elle est tombée dans la tête des modérés ». L'acte constitutionnel voté après quelques séances était prêt le 24 juin 1793 et l'article 78, adopté sans discussion, portait dans son paragraphe premier : « Il y a dans chaque commune de la République une administration municipale ».

II. — *Constitution de l'an III.* — Les partisans des grandes communes n'avaient pas désarmé cependant, la tyrannie jacobine leur avait un instant fermé la bouche, mais ils l'ouvrirent à nouveau après le 9 thermidor, quand il s'agit de faire une nouvelle constitution ; la force de la réaction fut même si grande qu'ils ne rencontrèrent plus aucune des difficultés de 1789 et que leur triomphe fut complet à tous égards ; à vrai dire, d'ailleurs, les discussions avaient eu lieu l'année précédente dans la même assemblée ; on était en présence d'un système connu, il

n'y avait plus qu'à se prononcer. Cela explique que le
rapport soit sur ce point si laconique, il semble qu'il n'y
ait plus là matière à débat. Boissy d'Anglas indique simplement qu' « au moyen de ces établissements (grandes
communes), les districts deviennent inutiles... ainsi parmi
les avantages immenses que notre système réunit, il faut
compter, sans doute, la suppression d'un nombre considérable de fonctionnaires et la réduction des dépenses
publiques ».

D'autre part, la base population était ainsi justifiée :
« Nous avons voulu naturaliser en France l'esprit de famille
plus que celui du territoire. La population est la base de
l'Administration bien plus que l'espace... La Féodalité gou-
vernait le sol pour asservir les hommes ; la liberté gou-
verne les hommes pour rendre le sol fertile et riche. »
Pas un mot des grandes villes qu'on allait diviser ; cela
semblait, sans doute, une mesure de répression qui s'imposait d'elle-même. Dans la séance du 4 thermidor, furent
votés sans discussion les articles qui, dans la constitution
du 5 fructidor figurent sous les n°ˢ 178 et suivants. L'organisation nouvelle était basée sur une approximative égalité
de population entre les municipalités ; les anciennes communes étaient divisées pour cela en trois catégories : celles
ayant moins de 5.000 habitants, celles ayant de 5 à
100.000 habitants et celles ayant plus de 100.000 habitants.
La législation antérieure n'était maintenue que pour le
second groupe de communes, celles dont la population
varie depuis 5.000 habitants jusqu'à 100.000 « qui avaient

pour elles seules une administration municipale » (art. 178).
Les grandes villes « dont la population excède 100.000 habitants » recevaient au moins trois administrations municipales ; la division devait se faire de manière que la
population de l'arrondissement de chacune d'elles n'excède
pas 50.000 individus, et ne soit pas moindre de 30.000
(art. 183) ; on créait, cependant, un bureau central, mais
celui-ci n'avait dans ses attributions que les objets jugés
indivisibles par le Corps législatif (art. 184). D'ailleurs,
les membres en étaient sous la dépendance du Pouvoir
exécutif ; une loi du 19 vendémiaire an IV décréta que la
police entrait dans le domaine de ce bureau ; c'était un
acheminement, au moins pour Paris, vers le régime spécial
qui subsiste encore aujourd'hui ; quelques années plus
tard en effet, le bureau central était remplacé par le Préfet
de police. La réaction était donc victorieuse de la Commune et sa victoire devait être de longue durée. Restaient
enfin les petites communes de population inférieure à
5.000 âmes ; il semble que, logiquement, on aurait dû les
grouper de façon à former des municipalités de 5.000 habi
tants, mais cela eût nécessité un travail très compliqué ;
on préféra s'en référer à une division déjà existante et
l'on choisit celle qui, dans la hiérarchie de 1789, venait
au dernier rang, c'est-à-dire le canton ; suivant en effet en
cela le plan de son Comité, la Constituante, dans le décret
du 22 décembre 1789, art. 3, avait décidé que chaque
district serait partagé en divisions appelées cantons, d'environ quatre lieues carrées : la Constitution de l'an III

décida que pour toutes les petites communes d'un même canton il n'y aurait plus qu'une seule municipalité ; elle faisait ainsi une part assez grande à l'élément territoire ; à l'exemple, d'ailleurs, des projets précédents, elle n'enlevait point aux anciennes communes leur complète individualité, chacune d'elles avait un agent municipal et un adjoint, mais ceux-ci n'avaient que des fonctions secondaires, c'étaient de simples organes d'exécution : le véritable pouvoir, la municipalité, en un mot, se trouvait au chef-lieu de canton, formée par la réunion des agents de chaque commune avec un président choisi dans tout le canton » (art. 179 à 181). C'était bien, en somme, un système de grandes communes qui était organisé par là ; on n'était pas allé aussi loin que le demandait Thouret en 1789, puisque le canton n'était que la neuvième partie de la commune proposée par lui, c'était cependant bien son idée, celle de Le Trosne, celle de Condorcet qui entrait en application. Il serait intéressant de connaître, d'une façon certaine, les résultats de cet essai ; malheureusement, les documents font un peu défaut, et puis, dans cette époque troublée du Directoire, l'organisation nouvelle n'eut pas le temps de fonctionner normalement avant d'être jetée à bas. Ce n'est pas cependant que les théoriciens de l'an VIII fussent hostiles à un pareil système, bien au contraire, ils tentèrent de le pousser à ses dernières limites ; la Constitution de l'an III, tout en établissant les municipalités de canton, conservait le mot de commune, « si c'était l'organisation cantonale qui était appelée à prévaloir,

cependant la commune y avait encore sa place (1) ; » la
Constitution de l'an VIII, au contraire, voulait consommer
l'anéantissement de la commune ; par son article premier,
en effet, le département est maintenu, le canton et la commune, dont il n'est plus question, sont remplacés par une
division nouvelle : l'arrondissement communal. On pourrait
douter, étant donné le caractère laconique du texte, de la
volonté des auteurs de la Constitution ; mais le 31 mars 1829,
à la Chambre des députés, Daunou a très clairement
expliqué l'idée de Sieyès lui-même sur ce point : « L'épithète
de communaux, que portent encore aujourd'hui vos arrondissements, leur vient d'un acte où le territoire n'était divisé
qu'en départements et en arrondissements sans aucune
mention des communes. La vérité est qu'on n'avait alors en
vue que deux degrés, qu'on donnait au terme d'arrondissement communal le sens de grande commune ou de canton et
qu'on se proposait seulement de modifier la circonscription
du canton alors établi, d'agrandir tant soit peu la surface de la
plupart. » C'était donc aller plus loin qu'on ne l'avait jamais
proposé ; pareil système pouvait naître dans le cerveau d'un
théoricien : il n'était pas fait pour la pratique ; aussi dès l'année suivante dût-on l'abandonner lorsqu'il s'agit d'entrer dans
les détails d'organisation ; cela ne se fit pas expressément,
le texte de la Constitution resta en vigueur et le paragraphe 2 du titre II de la Loi du 28 pluviôse an VIII qui
traite de l'arrondissement est intitulé « Administration

______

(1) Chevillard, *op. cit.*

communale »;'mais ce titre n'est qu'un trompe-l'œil; comme
le dit Daunou dans le discours précité. « on appliqua le
nom d'arrondissements à ces districts plus étendus que
ceux de 1790 ; on laissa subsister, pour certains usages,
la dénomination de canton entre les arrondissements et
les communes, et l'on rendit à celles-ci une administration
municipale ». La loi nouvelle, en effet, ne ruina pas seulement l'œuvre de Sieyès ; les exagérations de celle-ci
peut-être firent qu'elle mit bas l'édifice de l'an III lui-
même ; les articles 12 et 15 du paragraphe 3, municipalités, disposaient qu'il y aurait un Maire et un Adjoint
et un Conseil municipal dans chaque ville, bourg ou autre
lieu pour lequel existait un agent municipal et un adjoint ;
l'article 14 rendait leur unité d'administration aux villes
de plus de 100,000 habitants, on établissait seulement
un régime spécial pour Paris. On revenait ainsi, après
tant de discussions et de lois au régime de 1789 ; les populations des campagnes acceptèrent, paraît-il, avec joie, le
régime de pluviôse, pourtant peu libéral, puisque les
délibérations des Conseils municipaux étaient soumises
à l'approbation préfectorale et Thiers a pu écrire que
« cette disposition rétablissant l'ancienne paroisse a mé-
rité au Consulat la reconnaissance de tout un peuple ».

De tant de projets et de tant de discours, qu'était-il, en
somme, résulté? Rien de nouveau ; en l'an VIII comme
en 1789, se trouvait consacrée l'existence distincte des
anciennes paroisses ; une conclusion ressortait de là pour
les réformateurs de l'avenir : l'individualité des communes,

petites ou grandes, puisait dans le passé une force de
résistance contre laquelle venaient se heurter les concep-
tions *a priori* ; il ne fallait donc désormais plus songer à
un bouleversement complet, mais accepter, bon gré mal gré,
les données de l'histoire ; jusqu'à l'an III encore, les partisans des grandes communes pouvaient réclamer au moins
un essai de leur système, l'expérience était faite maintenant ; certes, on pouvait bien dire que les troubles, l'anar-
chie de l'époque du Directoire, expliquaient l'échec de
l'organisation nouvelle ; il n'en restait pas moins vrai que
la Révolution qui avait supprimé les provinces et fait
adopter facilement, en somme, la division par départements, voyait crouler son système municipal établi déjà
avec tant de peine ; c'est que le système portait en lui des
défauts qui devaient en amener la chute rapide : la commune, en effet, n'est pas seulement un groupement politique, elle est, avant tout, une unité économique, elle est
propriétaire ; or, comment concevoir un propriétaire qui
n'a plus même le droit d'administrer son patrimoine ?
c'était pourtant ce qui résultait de la Constitution de l'an III.
La gestion des biens des différentes communes apparte-
nait, comme toutes les affaires municipales, à l'assemblée
du canton, et l'on comprend fort bien, comme le disait à la
Chambre Moreau (de la Meurthe), en 1837, que « chacun
des membres de cette réunion, qui revenait comme agent
faire exécuter dans sa commune les délibérations qui
avaient été prises dans l'assemblée cantonale, n'avait
aucun moyen d'arriver à cette exécution de délibérations

prises contre l'opinion de sa commune et, souvent, contre sa propre opinion personnelle. » En tout cas, cet essai de réorganisation restera longtemps le type de la tentative malheureuse et imprévoyante, œuvre d'idéologues dédaigneux des faits, et, jusque sous la Monarchie de Juillet, lorsque d'autres hommes viendront proposer des réformes bien plus modestes et respectueuses des traditions, on les accusera de vouloir faire revivre les municipalités cantonales et l'on agitera, devant l'assemblée appelée à se prononcer, le fantôme de la Constitution de l'an III.

DEUXIÈME PARTIE

LES PROJETS D'ORGANISATION CANTONALE

Origine logique de l'idée cantonale. — Son développement historique.
— Le projet de loi municipale de M. de Martignac (1829). — Dis-
cussion de la loi du 23 mars 1831 sur l'organisation municipale. —
Discussion de la loi du 22 juin 1833 sur les Conseils généraux. —
Discussion de la loi du 18 juillet 1837 sur les attributions des
Conseils municipaux. — Rapport de M. Vivien : son analyse. Echec
de l'article 59 du projet. — Constitution du 4 novembre 1848,
art. 77. — Projet du Conseil d'État sur les Conseils cantonaux :
rapport Vivien.   Projet de la commission parlementaire : rapport
Odilon Barrot. — L'Empire libéral. Manifeste de Nancy. Commission extra-parlementaire de 1870 : son projet sur les Conseils cantonaux. — Projet Goblet de 1882. — Ch. Ier. Constitution du canton. — Ch. II. Composition du Conseil. — Ch. III. Des assemblées
des Conseils cantonaux. — Ch. IV. Attributions. — Ch. V. Du
budget et des comptes du canton. — Pourquoi ont échoué les
divers projets cantonaux : leur classement, leurs défauts.

Il n'est pas douteux, cependant, qu'il y avait beaucoup
de vrai dans les inconvénients relevés à diverses reprises
contre le pullulement des petites communes ; il est certain,
surtout, que beaucoup de communes rurales sont trop
pauvres pour pourvoir à des œuvres qui sont du plus
haut intérêt social, notamment des œuvres d'assistance.

L'assistance publique existe à peine dans les campagnes ; les bureaux de bienfaisance manquent à plus de
20.000 communes et dans beaucoup d'autres ils ne peuvent
fonctionner convenablement, faute de ressources, « hors
les villes et quelques gros bourgs, le malade ne trouve
pas d'hôpital, le vieillard et l'incurable ne trouvent pas
d'hospice. » Le privilège des agglomérations urbaines se
marque encore au point de vue de l'enseignement ; seules,
les villes peuvent créer et entretenir des écoles primaires supérieures, des écoles professionnelles, indus-
trielles ou agricoles. Enfin, la pauvreté des communes
infimes a été et est aujourd'hui encore l'un des grands
obstacles à l'achèvement du réseau des chemins vicinaux. Après comme avant la Révolution, le problème se
posait donc d'obvier à cette impuissance ; il ne fallait
plus penser, c'était un point acquis, à porter atteinte à
l'existence même des petites communes ; mais sans
tomber dans cette exagération, ne pouvait-on remédier à
leurs défauts ? Ne pouvait-on, pour les œuvres qu'elles
étaient incapables d'accomplir, et pour celles-là seulement, bien entendu, trouver une unité plus vaste, plus
riche par là même et aussi plus éclairée ? C'est sous cette
forme que devait, après l'expérience révolutionnaire, se
présenter la question des municipalités et qu'elle occupa
notre siècle presque sans relâche.

Pouvait-on, sans créer un organe nouveau, répondre à
ce desideratum ? Au dessus des communes, les intérêts
locaux, d'après la loi de pluviôse an VIII, se partageaient

entre deux organisations, le département et l'arrondissement ; dès l'abord, il était impossible de songer au département pour suppléer aux communes dans les matières où celles-ci se trouvaient insuffisantes ; pour être vraiment féconde, en effet, l'administration nouvelle, tout en groupant plusieurs municipalités, devait cependant rester bornée dans des limites assez étroites pour une connaissance certaine des besoins et aussi pour une action rapide et incessante. Pouvait-on songer davantage à l'arrondissement ? Il semble que tel ait été l'avis des auteurs de la loi de pluviôse qui, tout en reconstituant les municipalités de paroisse, conservait à l'arrondissement l'épithète de « communal » que lui avait donnée Sieyès ; mais l'expérience montra vite qu'on s'était trompé : l'arrondissement, division factice, ne représentant aucun groupement d'intérêts, ne se développa point ; à la fin de la Restauration, comme lors de son établissement, il était réduit au rôle de simple unité judiciaire et électorale ; aussi beaucoup demandaient-ils sa suppression et, en tout cas, aucun de ceux qui voulaient le conserver ne pensait à lui pour répandre la vie dont il manquait.

Les choses en étaient là encore, à l'époque qui précède la Révolution de Juillet : la vie communale, anéantie sous l'Empire, tendait à se réveiller sous l'influence libérale de M. de Martignac, et, à ce propos, renaissaient les questions non encore résolues ; c'est alors que certains publicistes reprenant le problème des remèdes à apporter aux petites communes, donnèrent le branle à un mouvement

d'opinion qui se prolongea jusqu'à nos jours. Au dessous
de l'arrondissement, en effet, existait une division territoriale : le canton ; ce n'était plus le canton de 1789, la
Constitution de l'an VIII l'avait supprimé ; mais, une loi
du 8 pluviôse an IX avait créé les circonscriptions de
justice de paix et un arrêté du 9 fructidor leur avait
donné officiellement le nom de cantons. C'est en ce canton
que certains hommes crurent voir l'unité administrative
cherchée; peu à peu allait se former autour de cette idée
toute une théorie nouvelle et presque un parti; je vais
essayer d'en suivre le développement historique, pensant
que c'est le seul moyen d'en apercevoir tous les aspects
et toute l'importance; encore, devrai-je m'en tenir à peu
près exclusivement aux débats parlementaires et aux
documents officiels.

La question cantonale à son apparition se présenta
comme liée à la suppression des Conseils d'arrondissement; ceux-ci manquant de toute vigueur, on proposait
de les remplacer par des Conseils cantonaux. Dans l'exposé des motifs qui précède le projet de loi municipale de
1829, M. de Martignac combattait cette idée qui semble
avoir rallié beaucoup d'esprits; mais, comme tant d'autres
après lui, il se laissait entraîner par les souvenirs récents
de la Constitution de l'an III et il attaquait ce système avec
une énergie d'ailleurs très grande et en des termes vraiment dignes d'être relevés : « La commune, disait-il, dans
son existence matérielle, n'est pas une création de la
puissance, elle n'est pas, comme les départements, une

fiction de la loi, elle a dû précéder la loi », et à ceux qui objectaient l'absence des lumières des petites communes, il répondait : « Sans doute, on a quelque raison de dire qu'il existe des communes dans lesquelles on trouve difficilement les éléments d'un Conseil municipal ; mais il faut remarquer aussi, qu'en général, ces éléments existent dans la proportion de leur utilité ; que des communes où l'on cherche sans succès des conseillers municipaux ont aussi à confier à leurs conseillers des intérêts d'une bien faible importance, et que, là où ces intérêts ont une consistance réelle, les hommes éclairés sont moins rares, et les moyens de gestion et de surveillance plus multipliés. » Oui, mais l'observation ne porte que si l'on propose de dessaisir les communes de l'administration de leurs biens elle-même ; or, ce n'est plus de cela qu'il s'agissait. Quoi qu'il en soit, la Commission de la Chambre fut d'avis de substituer des Conseils cantonaux aux Conseils d'ardissement, et cette opinion fut consacrée par un premier vote ; mais, avant même qu'il fût question d'organiser ces Conseils, le Gouvernement, devant une coalition des anti libéraux, dut retirer le projet : ce fut le début de la crise qui devait se terminer en juillet 1830.

En 1831 fut discutée la loi du 25 mars sur l'organisation municipale ; on dit seulement quelques mots, en passant, sur le système de l'an III, Daunou en fit l'éloge au point de vue de sa simplicité, sans en proposer d'ailleurs le rétablissement ; dans son rapport à la Chambre des Pairs (*Moniteur* du 2 mars), le duc de Praslin disait aussi :

« La municipalité cantonale offrirait peut-être une administration plus simple, mais, il faudrait qu'elle fût possible; si tout était à créer, on pourrait la préférer, mais il
existe en ce moment, en France, 38.000 communes organisées en municipalités. Pourrait-on les déposséder de
leur administration pour les concentrer dans 3 000 communes seulement, chefs-lieux de cantons? » Quant aux
Conseils cantonaux, tels que les comprenaient les publicistes, on n'en parla pas du tout : c'est qu'on les ratta-
chait toujours à la question des arrondissements qu'ils
devaient simplement remplacer. Il en fut autrement en
1833, dans la préparation de la loi du 22 juin sur les Conseils généraux; le projet contenait, en effet, un chapitre
relatif aux Conseils d'arrondissement, on leur opposa les
Conseils cantonaux; il est vrai qu'aucun plan précis ne fut
présenté, il est vrai aussi qu'on n'avait pas en vue directement l'organisation municipale; néanmoins, plusieurs
orateurs furent amenés à en parler et certaines déclarations préparent le grand débat qui devait avoir lieu
quelques années plus tard. Le premier coup fut porté par
M. Bresson : « La plaie de notre organisation départementale, disait-il, c'est l'isolement... Tout le mal de notre
système est dans l'absence de moyens d'association. L'association ne peut résulter que de conseils secondaires for-
tement organisés. Que les communes aient besoin d'une
représentation en dehors et dans une région inférieure à
celle où se trouve placé le Conseil général, c'est une vérité
aussi évidente que la lumière, etc. », et ailleurs : « Seule,

l'association des communes peut couvrir notre sol de travaux qui porteront sa prospérité au plus haut degré. » Or, ajoutait-on, ce sont les Conseils cantonaux qui feront cette association ; « pour toute commune, les intérêts excentriques qui sont quelquefois les plus forts, sont cantonaux et non arrondissementaux. Commerce, secours, instruction, justice, intérêts matériels, intérêts moraux, tout est au chef-lieu de canton » (Lherbette). Le commissaire du Gouvernement, M. de Gérando, reprocha aux réformateurs de vouloir rétablir le système de l'an III ; d'après lui, si le texte de la loi ne détruisait pas les communes, on aboutirait, en fait, à leur anéantissement. Il lui fut répondu que deux différences, au moins, séparaient le projet actuel de la Constitution de l'an III : 1° Celle-ci supprimait l'individualité de la commune : la commune continuerait, au contraire, à s'administrer elle-même, les Conseils cantonaux exerceraient simplement une espèce de contrôle et d'appel sur les Conseils municipaux des communes inférieures, et, pour tout, statueraient sur les intérêts collectifs de plusieurs d'entre elles ; 2° Les conseils de l'an III avaient l'action administrative et la délibération, ceux-ci la délibération seulement. On le voit, la discussion engagée à propos des Conseils d'arrondissements, tendait à prendre une autre face ; Odilon Barrot, qui devait dans la suite se faire l'un des deux grands apôtres de l'organisation cantonale, acheva de préciser le nouvel aspect de la question : on avait tort, d'après lui, de confondre la question de l'existence des Conseils d'arrondissements avec celle de l'existence des Conseils cantonaux. En effet, « l'organisation des Conseils cantonaux tient essentiellement du pouvoir municipal, c'est un complément de ce pouvoir municipal ». Plus tard, il faudra étudier si, tout en respectant l'individualité de la commune, on ne peut pas la concilier avec certaines délégations d'attributions collectives, il faudra alors décider « ce qui, dans le pouvoir municipal et local, doit être laissé à la commune, et ce qui embrasse une collection d'intérêts et doit être délégué au canton. Dans la sphère des faits réels et positifs, je vois l'intérêt du département, de la commune individuelle et de la commune collective, et c'est tout ». C'était remettre la discussion à une date ultérieure, il fallait attendre une autre occasion ; elle se présenta dès la même année 1833 sous la forme d'un projet de loi municipale.

L'élaboration de la loi nouvelle fut très longue, elle ne fut pas présentée moins de trois fois à la Chambre des députés en 1833, en 1834 et en 1836 et, elle ne devint définitive, que le 18 juillet 1837. Il serait fastidieux d'analyser, même sur un point spécial, ces interminables débats ; ce serait s'exposer à des répétitions inutiles ; je me bornerai à la discussion qui a immédiatement précédé le vote, c'est d'ailleurs de beaucoup la plus intéressante. Cette fois, la question cantonale, mise au point par Odilon Barrot, va être posée dans toute son ampleur ; certes les propositions de réformes seront bien timides, mais ce ne sera pas la faute de leurs partisans, et, en tout cas, les orateurs s'élèveront au dessus d'elles pour toucher aux

principes mêmes de l'organisation administrative. Le
mérite en revient, en toute première ligne, à M. Vivien,
dont le magistral rapport, au nom de la Commission de
la Chambre, mériterait d'être reproduit tout entier, mais
je dois me borner à l'analyser le plus brièvement possible.
Après avoir montré le fractionnement communal et les
chiffres très différents de population, M. Vivien inclinait
à penser que les communes pourraient être partagées en
catégories ayant chacune des droits et des franchises
diverses, selon l'importance de leur population. « La
même loi peut-elle convenir là où les lumières et les ressources varient dans de si fortes proportions ?... Une loi
uniforme place le législateur dans une rigoureuse alterna-
tive : Il faut qu'il restreigne les droits de tous en raison de
l'inaptitude de quelques-uns, ce qui est une injustice, ou
qu'il accorde à tous les droits que quelques-uns sont incapables d'user, ce qui peut compromettre les intérêts généraux. » C'était, en somme, une condamnation de l'uniformité d'organisation établie par la Constituante; et
M. Vivien citait l'exemple des États-Unis où les campagnes
ont été réunies aux villes par un régime municipal.
« Chaque circonscription communale y occupe en moyenne
un espace de sept lieues, tandis qu'en France le territoire
réparti entre les communes ne donne à chacune que trois
quarts de lieue. » Néanmoins, cette division des communes
en diverses catégories n'était qu'une vue théorique; on
peut prévoir, en effet, quelles difficultés rencontrerait une
pareille innovation en France; aussi le rapport n'y insis-

tait pas : il préférait demander le même résultat à un
autre moyen. Il est certain, disait-il, que les communes
rurales sont souvent pauvres, couvertes de peu d'habitants, dénuées des ressources les plus indispensables;
d'autre part, l'arrondissement ne peut devenir la base de
l'administration communale; la nécessité d'un organe
intermédiaire s'impose, l'organisation française offre une
lacune réelle. Or, l'unité nouvelle, dont le besoin se fait si
vivement sentir, elle existe déjà, elle est née spontanément, par la concentration naturelle des intérêts autour
d'un même point, elle est antérieure à la loi; la loi qui la
consacre est donc sûre de faire œuvre utile; cette unité,
c'est le canton. M. Vivien parlait même favorablement de
la Constitution de l'an III « qui consacrait utilement la
division par cantons; le règlement des dépenses locales et
l'administration des secours publics se placèrent dans ce
cadre au grand avantage des communes rurales. » Sans
proposer d'en revenir à ce système, il remarquait que,
depuis sa disparition, le canton s'était présenté de nouveau
pour servir de centre à de nombreux intérêts collectifs
spéciaux : à côté du juge de paix, vinrent s'y grouper
successivement le percepteur, le curé-doyen, la brigade
de gendarmerie, la commission d'inspection de l'instruction primaire; il est devenu le siège des élections pour les
Conseil généraux et les Conseils d'arrondissement, des
opérations du cadastre, du recrutement, de la formation
de la liste du jury, etc. En dehors de la législation, les
faits eux-mêmes ont constaté l'importance du canton;

en l'an III, les bureaux de bienfaisance ont été organisés par cantons, cela subsiste dans beaucoup d'endroits ; dans d'autres, les bans de vendanges et autres usages ruraux sont pris par canton. Enfin, dans la crise révolutionnaire, avec l'invasion, la famine, « les populations rurales se sont spontanément organisées par canton ». Ainsi s'exprimait le rapport. On pourrait croire qu'il servait de préambule à tout un projet d'organisation cantonale ; il n'en est rien ; en effet, la loi en discussion portait simplement sur les attributions des Conseils municipaux ; il aurait donc fallu refondre les précédentes lois d'organisation ; la Commission de la Chambre n'osa pas le proposer. Elle se borna donc à insérer dans son texte un article 59 qui paraît d'une extraordinaire insignifiance après les déclarations qui précèdent ; il portait : « Les maires se réunissent au chef-lieu de canton pour délibérer sur les matières qui leur seront soumises par le préfet et l'Assemblée délibérera, en outre, sur les objets que des lois spéciales lui confieront. » M. Vivien déclarait bien que ce n'était là qu'une pierre d'attente, un premier pas qui serait suivi de bien d'autres ; il entrevoyait, groupés au chef-lieu de canton, les institutions de bienfaisance, caisses d'épargne, secours contre l'incendie, contre les fléaux calamiteux, remèdes, en même temps qu'une bibliothèque cantonale pour répandre les lumières. Il n'en est pas moins vrai que, si la proposition fut repoussée, c'est en grande partie en raison de sa timidité : on négligeait, en effet, en créant le Conseil cantonal, de définir ses attributions et de lui tracer son rôle dans l'organisation administrative ; on s'attirait ainsi deux sortes d'objections : les uns, s'en tenant au texte, comme M. de Rémusat, commissaire du Gouvernement, déclaraient que la réunion des maires ne constituait que de simples conférences, que le Gouvernement peut toujours provoquer, et que les intérêts cantonaux n'existant pas, il était plus sage de ne point appeler les citoyens à délibérer quand ils n'ont rien à discuter ensemble. D'autres, au contraire, se montraient effrayés d'une innovation dont les conséquences n'étaient pas strictement définies : M. Tesnières y voyait en germe la suppression des Conseils d'arrondissement, l'absorption des communes dans le canton, celle des tribunaux d'arrondissement dans les justices de paix et l'anéantissement de ce qu'il appelait « la belle harmonie et les belles proportions de notre système administratif ». M. Moreau (de la Meurthe) ressuscitait le spectre de l'an III, et M. Gasparin, ministre de l'Intérieur, ému des mêmes craintes, déclarait « qu'il ne serait pas de la dignité de la Chambre de faire une expérience dans la loi », ce à quoi M. Lherbelle lui répondit : « Cela sera vrai quand sera né un génie, doué d'une prévision universelle, dont le coup d'œil embrasse tous les cas, toutes les circonstances, que révèle l'avenir. » Enfin, d'autres orateurs s'opposaient au projet parce qu'il devait entraîner l'établissement au canton d'un chef hiérarchique veillant à l'exécution de la loi et des mesures arrêtées par le Conseil cantonal ou simplement parce qu'ils voyaient la nécessité de permettre plus tard au Conseil

cantonal d'avoir un budget. Quoi qu'il en soit, malgré les
efforts répétés et vigoureux de M. Vivien, l'article 59 fut
repoussé. Des esprits éminents le regrettèrent; Duvergier,
notamment, dans son Recueil écrit sous la loi de 1837
qu'un essai, au moins, eut été fort utile : « L'état des
choses, ajoute-t-il, est vraiment déplorable, les trois quarts
des communes sont administrées par des fonctionnaires
incapables de comprendre leurs véritables intérêts, les
registres de l'état civil sont tenus par des hommes souvent
illettrés, la police est confiée à des gens qui n'en comprennent ni le but, ni les moyens. Et si quelque chose était
capable de discréditer le principe électif, c'est à coup sûr
les résultats qu'il produit dans les campagnes. » Cet auteur
allait même plus loin et semble partisan, sinon d'un système de grandes communes, du moins d'une administration qui y tendrait par des mesures spéciales de réunions
et formerait ainsi des individualités assez puissantes.

Malgré les multiples échecs qu'elle avait subis, l'idée
cantonale ne cessa pas pour cela d'être vivante ; si elle
avait été rejetée plusieurs fois par le Parlement en effet,
elle était accueillie malgré tout avec la plus grande faveur
par beaucoup d'hommes d'État et de publicistes ; pendant
les années qui suivirent 1837, elle se compléta, s'élargit
tout en se précisant, et lorsqu'à la chute de la Monarchie
de Juillet, elle se présenta à nouveau devant l'Assemblée,
elle était assez mûre pour donner naissance à tout un système. Le principe, au moins, fut consacré solennellement ;
sur le rapport d'Odilon Barrot et après une courte discus-

sion fut voté l'article 77 de la Constitution du 4 novembre
1848, dont un paragraphe portait : « Il y aura dans chaque
canton un conseil cantonal », on renvoyait à une loi
organique les règles de composition et d'attributions. Dès
le début de l'année 1849, le Gouvernement chargeait le
Conseil d'Etat de préparer un projet de loi ; peu après,
l'Assemblée législative elle-même, saisie d'une proposition de M. Raudot, la renvoyait à l'examen du même
conseil. Après de longs travaux, fut déposé en février
1851 un remarquable projet de loi sur l'organisation intérieure, véritable code de l'organisation locale ; le livre II
était intitulé « Des cantons » c'était une suite de 30 articles
précédée d'un rapport de M. Vivien alors Président de la
section de législation.

Pour ce qui est des principes, M. Vivien ne faisait guère
que rééditer ce qu'il avait dit déjà en 1837 ; après un
rapide historique, il montrait que « les relations de voisi-
nage, l'identité des intérêts, les secours réciproques à
l'aide desquels des ressources modiques peuvent être employées avec plus d'utilité et d'économie, créent entre
les petites communes des rapports nécessaires et habituels ». La loi du 28 pluviôse an VIII l'avait bien compris
en créant l'arrondissement communal, mais il était trop
vaste, les faits l'ont démontré, et au contraire le canton
est devenu le siège ordinaire de beaucoup d'opérations
administratives se rattachant aux affaires communales. On
proposait donc la création d'un conseil cantonal dans chaque canton, du moins dans ceux qui embrassaient plu-

sieurs communes dans leur circonscription ; ce conseil
était composé du conseiller général élu par le canton, président, du juge de paix et de délégués des conseils municipaux, en nombre égal à celui des communes. La grosse
question était celle des attributions, par là devait se marquer l'importance de l'institution nouvelle ; allait-on créer
des conseils simplement consultatifs ou leur donner des
pouvoirs propres ? leur organisation allait-elle avoir pour
conséquence de constituer au canton une administration
analogue à celle de la commune ou du département ? Sur
ce point, le rapport s'expliquait très nettement : le Conseil
d'Etat ne prévoyait que des conseils consultatifs ; d'abord,
en effet, disait-il, la Constitution n'établit pas au canton
un agent d'exécution, on doit en conclure qu'elle n'a voulu
y constituer qu'un élément d'instruction et d'information ;
de plus, on doit éviter de blesser l'esprit d'indépendance
des communes, il faut attendre que l'habitude leur soit
venue de considérer leurs affaires d'un point de vue moins
étroit que celui du territoire, alors, elles réclameront
elles-mêmes la fusion pour certains objets, enfin il serait
dangereux de donner au conseil cantonal un budget spécial, ce serait risquer d'accroître le poids déjà si lourd des
centimes additionnels. En conséquence, et malgré la suppression des conseils d'arrondissement qui résultait sinon
des termes, du moins de l'esprit de la Constitution, les
conseils cantonaux avaient un simple avis à donner sur la
sous-répartition des contributions directes et sur les
demandes en réduction formées par les communes ; ils

dressaient la liste annuelle du jury, ils devaient être consultés sur les questions intéressant l'agriculture, la salubrité, l'hygiène et la santé publique, et sur une foule d'autres questions dont s'occupaient jusque-là les conseils d'arrondissement ; enfin, le conseil cantonal et son Président, chacun en ce qui le concerne, exerçaient à l'égard des établissements cantonaux d'assistance publique ou autres, tous les droits dévolus au conseil municipal et au maire sur les établissements municipaux du même genre. Telles étaient les principales dispositions du projet, le Conseil d'Etat ne s'était pas cru autorisé à aller plus loin dans la voie des innovations ; mais son rapporteur espérait voir se développer et s'élargir prochainement le rôle des conseils cantonaux. « Si, comme on doit l'espérer, concluait-il, ils rendent des services, s'ils contribuent à éclairer l'administration, s'ils sont les surveillants habiles et actifs des intérêts confiés à leur examen, leurs attributions grandiront d'elles-mêmes et la loi qui les étendra reposera sur l'expérience, qui est toujours le guide le plus sûr du législateur ». L'Assemblée législative nomma une commission pour l'examen de ce projet qui eut à subir des amendements de très haute importance.

Les résultats des travaux de la Commission parlementaire sont consignés dans un nouveau projet de loi plus étendu que le premier et précédé d'un rapport de M. Odilon Barrot. Celui-ci indiquait très nettement le double but que devait atteindre l'institution nouvelle : « 1° Remédier, autant que possible, au morcellement trop grand des com-

munes rurales, sans toucher à leur individualité, les
éclairer et les fortifier en créant entre elles un lien commun et en les dotant d'une sorte de représentation cantonale qui leur donne le moyen de débattre et défendre leurs
intérêts communs ; 2° Créer entre la commune et le département, entre l'autorité municipale et l'autorité départementale, un conseil intermédiaire assez rapproché des
communes pour bien connaître leurs besoins et même
exercer sur elles une influence favorable, assez éloigné
cependant pour ne pas être asservi aux prétentions et aux
routines locales. »

Voici à quelles propositions principales aboutissait la
Commission, beaucoup plus hardie que le Conseil d'État.
Le Conseil cantonal devait se composer du Conseiller
général, président ; le juge de paix s'était vu écarter au
grand regret du rapporteur, qui voyait en lui tous les
avantages d'un agent du gouvernement sans dépenses nouvelles ; enfin, quant aux délégués des Conseils municipaux,
le système était transformé : c'était le maire, comme dans
le projet de 1837, qui représentait de droit, chaque commune au Conseil cantonal ; on respectait ainsi davantage
les pouvoirs municipaux existants et l'on écartait le danger
de créer des rivalités toujours fâcheuses entre le maire
et le délégué cantonal ; la différence s'expliquait d'ailleurs
bien simplement, car dans le projet communal, le Conseil
d'État donnait au gouvernement la nomination des maires,
tandis que la Commission de l'Assemblée demandait leur
élection par le Conseil municipal. Mais, c'est surtout au

chapitre des attributions que les amendements de la Commission étaient de premier ordre ; en effet, le Conseil cantonal, au lieu d'être purement consultatif, recevait certains pouvoirs propres : d'abord, il faisait lui-même, succédant au Conseil d'arrondissement, la sous-répartition des contributions directes entre les communes. Et puis, c'est là le point principal, on instituait la propriété cantonale ; on voyait là le moyen le plus sûr de donner des forces à l'institution nouvelle ; et aussi d'encourager la bienfaisance ; le projet portait donc : « Les cantons peuvent recevoir... des dons et libéralités destinés à fonder des établissements d'utilité cantonale. » La Commission cependant, n'osa pas donner un budget au canton : l'arrondissement n'en avait pas ; et puis, où prendre des ressources ? Les contribuables sont assez chargés et les communes ont à peine ce qu'il leur faut. Le Conseil cantonal était donc simplement, à ce point de vue, un organe de distribution, répartissant des fonds entre les établissements cantonaux d'assistance publique et des secours entre les communes. Quant aux attributions consultatives, elles étaient très nombreuses, plus nombreuses encore que dans le projet du Conseil d'État, et la liste n'en était qu'indicative, on insistait surtout sur la surveillance de la police rurale et de la petite vicinalité.

En somme, avec ce projet parlementaire, l'idée cantonale franchissait une nouvelle étape, c'était la personnalité civile qui faisait son apparition, il ne manquait plus que le budget pour avoir un organe complet. Malheureusement,

déposé le 12 juillet 1851 sur le bureau de l'Assemblée,
ce texte ne vint pas en discussion par suite des événements
du 2 décembre. La Constitution du 14 janvier 1852, ne
contenait aucune disposition analogue à l'article 77 de la
Constitution de 1848.

La question de l'organisation cantonale sommeilla pendant les premières années de l'Empire, mais elle avait
conquis un rang parmi les réformes libérales, et elle re-
parut plus vivante que jamais dans le grand mouvement
en faveur de la décentralisation qui marqua la fin du régime napoléonien. Aussitôt le Coup d'État, le Prince-Pré-
sident avait bien rendu un décret dit de décentralisation,
mais ce titre n'était qu'un trompe-l'œil, c'était simplement
de décentralisation qu'il s'agissait : on faisait entrer dans la
compétence des préfets, un grand nombre d'actes jusque-
là réservés aux divers ministres, et c'était tout ; comme
l'écrivait Odilon Barrot : « C'est toujours le même mar-
teau qui frappe, seulement on a raccourci le manche. »
Au contraire, à partir de 1860, l'Empire changeant de politique sentit la nécessité de prendre l'initiative des réformes demandées de toutes parts ; une lettre impériale du
24 juin 1867 chargea le Conseil d'État de préparer une
refonte de l'organisation administrative ; deux projets
furent rédigés, l'un sur les Conseils généraux, l'autre sur
les Conseils municipaux, qui devinrent les lois du
18 juillet 1866 et du 24 juillet 1867 ; il n'était point
question du canton. Mais c'est au moment de l'élaboration
de ces lois que fut publié avec un énorme retentissement

le fameux manifeste de Nancy, sous ce titre : « Un projet de décentralisation » ; ses auteurs résumaient ainsi leurs désidérata : « 1º Fortifier la commune qui chez nous existe à peine ; 2º Créer le canton qui n'existe pas ; 3º Supprimer l'arrondissement qui ne répond à rien ; 4º Émanciper le département. »

Les adhésions affluèrent de toutes parts signées des noms les plus célèbres ; l'agitation était grande, les journaux de province organisaient à Lyon un Congrès qui publia aussi son manifeste en 1869, les propositions arrivaient sur le bureau de la Chambre ; le gouvernement entré dans sa dernière phase, dite libérale, crut bon de prendre les devants ; lorsque M. Forcade quitta le ministère, il y laissa tout préparé pour son successeur, un projet de loi reproduisant, à peu de chose près, celui de 1851 ; mais M. Émile Ollivier trouva que ce n'était pas assez, et par une décision du 21 février 1870, il constitua une grande commission extra-parlementaire, présidée par M. Odilon Barrot, et composée surtout des hommes qui s'étaient spécialement occupés, au point de vue théorique, de la décentralisation.

Les travaux de cette commission furent interrompus par la Révolution du 4 Septembre, néanmoins ils avaient été menés activement et il en sortit plusieurs projets ; parmi eux se trouvait un projet sur les Conseils cantonaux, il ne fut pas perdu ; en effet, dès l'année suivante, en 1871, MM. de Barante et Waddington le reprenaient et en saisissaient l'Assemblée nationale ; ce projet était

plus complet et plus hardi que tous ceux qui l'avaient
précédé : les Conseils d'arrondissement étaient supprimés,
les Conseils cantonaux qui les remplaçaient étaient pré-
sidés par le conseiller général et composés de 16 membres
au moins dont un délégué pour tout le canton et un ou
plusieurs délégués pour chaque commune, suivant la population. Parmi les attributions se trouvaient celles déjà
proposées en 1851, sous-répartition des contributions directes, etc., je n'y insiste pas. La grosse innovation du
projet consistait en ce que le canton devenait personne
civile, pouvait acquérir, aliéner, échanger, transiger,
ester en justice et recevoir des dons ou libéralités. Il avait,
sous l'approbation de la future Commission départementale, son budget avec des dépenses obligatoires ou facul-
tatives, avec des recettes composées de dons et legs,
subventions et même centimes additionnels.

Ce projet méritait une discussion sérieuse, il fut pris en
considération, et l'on semblait bien en prévoir le succès,
car la loi du 10 août 1871 prenait soin, dans ses articles 36
et 37 de ne pas prononcer le mot Conseil d'arrondissement remplacé par l'expression « Conseil compétent ».
mais il fut renvoyé à la Commission parlementaire de
décentralisation et on l'oublia dans la laborieuse préparation de la nouvelle Constitution.

Je n'en finirais pas si je voulais analyser toutes les propositions d'initiative parlementaire qui, sous le régime actuel,
ont demandé la création de Conseils cantonaux, la plupart
d'ailleurs ne contiennent aucun élément de nouveauté ;

ainsi, une proposition de M. Le Maguet, en 1881, une autre de M. Antonin Dubost, du 18 mars 1882, reproduisent l'une et l'autre, à peu de chose près, le projet de la Commission parlementaire de 1871 sans assurer à l'organisation cantonale une consistance assez solide pour en faire le pivot d'un nouveau rouage administratif. Je préfère arriver de suite au dernier grand projet cantonal et m'y arrêter assez longuement ; je veux parler du projet déposé à la Chambre au nom de M. Grévy par M. Goblet, ministre de l'Intérieur ; son caractère gouvernemental d'abord lui donne une importance de premier ordre ; il est aussi le plus complet de tous ceux que j'ai sommairement examinés ; enfin il représente la forme dernière de l'idée dont j'ai essayé de suivre le développement pendant plus d'un demi-siècle ; à ces divers titres, il mérite d'être étudié d'assez près. Le projet ne comprend pas moins de 59 articles répartis en 6 chapitres, que je vais successivement analyser.

Projet Goblet de 1882. — Chapitre 1er. — *Constitution du canton.* — L'article 1er institue dans chaque canton un Conseil cantonal ; la circonscription actuelle des cantons est maintenue d'ailleurs et ne peut être modifiée que par une loi, après avis du Conseil général.

Chapitre II. — *Composition du Conseil.* — La compo sition du Conseil est organisée d'une manière un peu compliquée, on distingue les cantons ruraux, les cantons urbains et les cantons mi-urbains mi-ruraux. Dans les cantons ruraux, le Conseil se compose du conseiller général et du conseiller d'arrondissement, membres de droit, puis d'un délégué élu par chaque Conseil municipal parmi ses membres domiciliés dans le canton; la représentation constante de toutes les communes est assurée par l'existence d'un suppléant élu par chaque Conseil municipal en même temps que son délégué et chargé de remplacer celui-ci, au cas d'empêchement; de plus, le projet prévoit l'élection de députés supplémentaires dans les cantons ne comprenant qu'un petit nombre de communes, le Conseil doit avoir en effet 14 membres au minimum; « une assemblée qui n'aurait compris que quatre ou cinq membres, dit l'exposé des motifs, n'aurait pas, à notre avis, présenté des éléments de capacité et d'activité suffisants.»

Dans les cantons urbains, le Conseil municipal de la ville, auxquels s'adjoignent les conseillers généraux et d'arrondissement, fait fonction de Conseil cantonal.

Enfin, dans les cantons mi-urbains, mi-ruraux, le Conseil comprendra toujours les conseillers généraux et d'arrondissement, puis des délégués du Conseil municipal de la ville et des délégués des communes rurales; il y aura seulement des précautions à prendre pour empêcher l'un de ces deux éléments d'absorber l'autre; c'est donc un décret en Conseil d'État qui déterminera, d'après leur force respective, le nombre des membres du Conseil municipal du chef-lieu et le nombre de délégués des communes rurales qui entreront dans la composition du Conseil.

La présidence du Conseil cantonal appartient toujours de plein droit au conseiller général, et à son défaut, à un Vice-Président élu chaque année par le Conseil. Le chapitre II règle en détail les questions de réélection en cas de vacance, de démission d'office, etc. ; je retiens simplement l'article 16 qui donne au préfet, dans l'arrondissement chef-lieu, et au sous-préfet dans les autres arrondissements, l'instruction préalable des affaires, ainsi que l'exécution des décisions du Conseil ; en conséquence ces fonctionnaires ont entrée aux séances et sont entendus quand ils le demandent ; l'auteur du projet compte beaucoup sur ces rapprochements fréquents des représentants du gouvernement avec les populations ; « l'obligation que leur impose la loi, dit l'exposé des motifs, de se rendre à chaque réunion, ou tout au moins de s'y faire représenter ne sera pas un des moindres bienfaits de la réforme projetée. »

Chapitre III. — *Des assemblées des Conseils cantonaux*. — Les Conseils cantonaux doivent avoir, comme les Conseils municipaux, quatre sessions par an, sans préjudice des sessions extraordinaires provoquées par le préfet, ou par le président, d'office ou sur la demande d'un tiers des membres. La publicité des séances n'est pas établie d'une façon absolue ; une idée nouvelle apparaît, celle de laisser aux Conseils cantonaux eux-mêmes, la faculté de décider que leurs séances seront ou ne seront pas publiques. Les dispositions relatives à la tenue des séances, au mode de délibérer, etc., sont empruntées à la législation communale, elles ne m'intéressent pas. Enfin, le Conseil cantonal peut être suspendu par le préfet pour un mois au plus; il peut être dissous par décret pris en Conseil des ministres.

CHAPITRE IV. — *Attributions*. — C'est le point le plus important, celui qui fixe le caractère du projet tout entier; or, à ce point de vue, les réformes proposées en 1882 sont plus larges que toutes celles qu'on avait réclamées auparavant.

D'abord on transfère aux conseils cantonaux les attributions exercées jusque-là par les conseils d'arrondissement; mais alors pourquoi ne pas supprimer ceux-ci du même coup? « Le gouvernement, répond l'exposé des motifs, n'aurait pas hésité à le proposer, si l'article 4 de la loi constitutionnelle du 24 février 1875, ne conférait aux conseillers d'arrondissement pris individuellement une fonction électorale, qui ne paraît pouvoir leur être retirée que par une revision du pacte constitutionnel » (il s'agit de l'élection des sénateurs). Quoi qu'il en soit, les conseils cantonaux, seront donc chargés en premier lieu de la sous-répartition, entre les communes du canton, du contingent cantonal des contributions directes fixé chaque année par le Conseil général; les dispositions de la loi de 1833, au cas de non-répartition, sont reproduites dans le projet.

Le conseil cantonal succède encore au conseil d'arrondissement dans les avis à donner sur les demandes en réduction de contributions formées par les communes; enfin le conseil cantonal remplit les fonctions consultatives du conseil d'arrondissement, en conséquence l'article 28 du projet reproduit avec quelques corrections de détail, l'énumération des articles 41 et 42 de la loi du 10 mai 1833.

Les conseils cantonaux peuvent émettre des vœux sur des matières d'intérêt local ou d'intérêt général, sauf en matière politique. Ils sont substitués à la commission cantonale instituée par la loi du 21 novembre 1872 pour la confection de la liste préparatoire du jury. J'ajoute que de même que le conseil cantonal hérite des attributions du conseil d'arrondissement, de même les conseillers cantonaux héritent des attributions individuelles des conseillers d'arrondissement, notamment au conseil de revision.

Mais surtout le conseil cantonal aura à gérer le patrimoine cantonal comme le Conseil général gère le patrimoine départemental : acquisitions, aliénations, échanges, mode de gestion, baux des propriétés cantonales, acceptation ou refus des dons et legs faits au canton, quand ils ne donnent pas lieu à réclamation; projets, plans et devis de tous travaux à exécuter sur les fonds cantonaux, etc. Le conseil cantonal, par sa place dans la hiérarchie administrative, semblait appelé à régler les affaires intéressant plusieurs communes, c'est aussi ce qu'a pensé le rédacteur du projet de 1882; notamment le conseil cantonal prend au Conseil général certaines de ses attributions relatives aux communes, par exemple la fixation de la part

contributive des communes aux dépenses des travaux
intéressant plusieurs d'entre elles, la nomination des commissions syndicales pour la gestion des biens indivis entre
plusieurs communes, l'établissement des marchés d'approvisionnement, la concession des tramways sur les chemins vicinaux ou ruraux traversant plusieurs communes
du canton, etc.

Le Conseil cantonal, dans le même ordre d'idées, reçoit
le pouvoir de faire des règlements de police sur certains
objets qu'il y a intérêt à régler de la même manière pour
toutes les communes d'un même canton : les bans de vendanges, la fermeture des colombiers au temps des semailles,
l'échenillage, l'inspection de la salubrité des denrées, le
soin de prévenir ou de faire cesser les épidémies, etc. ;
d'ailleurs ce pouvoir est simplement celui de faire des
arrêtés permanents, le maire conservant tous ses autres
droits de police. A côté de ses attributions réglementaires,
le Conseil cantonal prend aussi des délibérations, suscep-
tibles d'improbation ou d'approbation, notamment sur le
curage des cours d'eaux, sur l'acceptation ou le refus des
dons et legs quand ils donnent lieu à réclamation; sur les
autorisations à donner aux établissements dangereux ou
insalubres de deuxième et troisième classes, enfin sur le
budget cantonal qui forme dans le projet un chapitre à
part.

CHAPITRE V. — *Du budget et des comptes du canton.* —
Ce chapitre est capital, car il montre bien la place que le

canton, personne civile, avec son unité budgétaire, aurait occupée dans notre système administratif.

Quelles sont donc, dans le projet de 1882, les charges du budget cantonal? Quelles en sont les ressources? Les dépenses obligatoires ne sont pas très nombreuses, comme le fait observer l'exposé des motifs; elles se bornent aux frais de loyer, mobilier, entretien de la justice de paix, aux frais de bureau et d'impression pour le canton, au traitement du receveur cantonal, grosses réparations aux édifices cantonaux, contributions dues par des biens et revenus cantonaux, acquittement des dettes exigibles.

Quant aux ressources, à la différence de la proposition Waddington de 1871, on n'a pas voulu autoriser le Conseil cantonal à voter chaque année, comme les Conseils généraux et les Conseils municipaux, un certain nombre de centimes additionnels, dans les limites d'un maximum fixé par la loi de finances; l'exposé des motifs donne de cela deux raisons : « D'une part, dit-il, il ne paraît pas conforme aux principes de notre droit public que des impôts puissent être votés par une assemblée n'émanant pas directement du suffrage universel; d'un autre côté, alors que, de toutes parts, on réclame des dégrèvements en faveur de l'agriculture, nous n'avons pas pensé qu'il convînt de recourir à une ressource qui frapperait principalement la propriété foncière, bien qu'en réalité il n'en dût pas résulter toujours une aggravation d'impôts, puisque les dépenses auxquelles pourvoiront les budgets cantonaux seront généralement acquittées à la décharge des budgets départe-

mentaux et municipaux. » Les recettes se divisent donc en
recettes ordinaires et recettes extraordinaires ; les recettes
ordinaires sont alimentées à l'aide de certaines ressources
jusque-là appartenant à la commune ; l'exposé des motifs
pour excuser ce dépouillement des communes, fait remarquer que celles-ci « ont été récemment dégrevées dans
une large mesure par les lois qui ont établi la gratuité de
l'enseignement primaire et remplacé par une subvention
de l'État le prélèvement opéré sur leurs revenus ordinaires
pour les dépenses de l'enseignement. » Ces recettes sont :
le produit de deux des huit centimes sur le principal de la
contribution des patentes attribués aux communes par
l'article 32 de la loi du 25 avril 1844, le tiers du produit
de la taxe municipale sur les chiens, le tiers de la part
attribuée aux communes sur la taxe des permis de chasse,
le produit des amendes de police municipale et autres
attribuées aux communes ; il faut ajouter les revenus des
biens des cantonaux, le produit des concessions autorisées
sur le domaine cantonal, les subventions qui peuvent être
allouées au canton par le département ou l'État pour les
dépenses ordinaires, etc.

Les recettes extraordinaires n'ont rien de particulier,
elles comprennent les subventions allouées au canton pour
des dépenses extraordinaires, les produits des emprunts,
les dons et legs, le prix des biens aliénés, etc. Ce budget
cantonal n'était qu'une ébauche ; « mais il ne s'agit pour
le moment, disait l'exposé des motifs, que de poser les
bases d'une organisation que l'avenir développera » et il

citait à l'appui de cette idée les progrès considérables du budget départemental dans le cours du siècle ».

Quoi qu'il en soit, ce budget cantonal est préparé et présenté par le préfet ou son délégué dans l'arrondissement chef-lieu, par le sous-préfet dans les autres arrondissements ; il est délibéré et approuvé par le conseil cantonal, et définitivement réglé par le conseil général ; il est exécuté ensuite par le préfet ou le sous-préfet suivant les cas. Le projet de 1882 prévoit enfin des conférences intercantonales, et déclare exclure de l'organisation nouvelle les colonies, l'Algérie et le Département de la Seine.

Telle était l'économie de ce projet Goblet dont on ne peut exagérer l'importance, mais il ne vint même pas en discussion ; à l'époque où il fut présenté, en effet, on s'occupait déjà de la réforme municipale qui devait être accomplie deux ans plus tard ; le Gouvernement, jugeant préférable d'attendre, le retira lui même en 1883. Depuis lors, l'idée cantonale n'a pas donné naissance à des projets vraiment intéressants ; sans être complètement morte, elle tend de plus en plus à faire place à une autre idée autrement féconde, l'idée syndicale ; mais, avant d'en aborder l'étude, il faut jeter un coup d'œil en arrière ; après avoir. en effet, parcouru toute l'histoire de la question cantonale, après avoir vu se succéder tant de projets de plus en plus hardis et complets, on s'étonne naturellement que tous ces efforts n'aient abouti à aucun résultat pratique, qu'aujourd'hui comme en l'an IX le canton soit simplement une division territoriale sans individualité ; à

ces échecs répétés, il doit y avoir certainement, en dehors
des circonstances, une cause générale et fondamentale.
Tous les projets divers, dont j'ai parlé, se répartissent sans
difficulté en deux groupes distincts (cette classification est
empruntée à l'exposé des motifs de la Loi du 22 mars
1890). Les uns n'organisent au canton qu'une assemblée
purement consultative, destinée, soit à remplacer, soit
même à doubler les conseils d'arrondissement ; à cette
catégorie appartiennent le projet de la Commission parlementaire de 1837, d'après lequel les maires du canton se
réunissaient annuellement « dans une assemblée donnant
son avis sur les intérêts communs du canton et sur les
différents objets que les lois spéciales lui conféreraient »,
et le projet du Conseil d'État de 1850. « Les autres, au
contraire, font du canton une unité administrative complète, qui prend rang entre le département et la commune,
a comme eux un budget, une assemblée jouissant du
pouvoir délibératif et connaissant tous les besoins de la
circonscription, qui possède, en un mot, la personnalité
civile, administrative et financière la plus étendue ».
A ce groupe se rattachent plus ou moins complètement :
le projet de la Commission parlementaire de 1851, le
projet de la Commission extra-parlementaire de 1870 repris
par M. Waddington, et surtout le projet Goblet de 1882.

Quant aux projets d'abord, qui ne donnent aux
Conseils cantonaux que des attributions purement consultatives, leur vice est manifeste, il se trouve dans leur
timidité même : une assemblée sans budget, en effet, n'a

qu'une existence nominale, une division administrative
sans personnalité reste une simple division sans force et
sans besoins propres; n'avons-nous pas déjà sous les yeux
les arrondissements et leurs Conseils? à quoi sert de
réformer, si le seul résultat doit être un nombre plus grand
d'assemblées? l'expérience est faite, pourquoi la vouloir
refaire et compliquer à plaisir un système déjà si compliqué? Mais la même observation n'atteint pas les projets
qui font du canton une personne morale prenant rang
entre le département et la commune, or, ce sont-là les
véritables projets d'organisation cantonale; pourquoi sont-
ils restés à l'état de projets, au point même que les plus
importants d'entre eux, pour ne pas dire tous, ne sont pas
venus en discussion? A cela, sans doute, plusieurs causes
ont concouru : une malchance certaine d'abord semble
avoir poursuivi les réformateurs, travaux interrompus,
classement inavoué dans les archives, retrait, etc.; la
politique aussi est entrée en ligne, et, chose curieuse, elle
a brandi contre le canton une arme à deux tranchants : les
uns ont vu dans l'innovation demandée, et c'était de fait
le but de beaucoup de ses partisans, un moyen trop puis-
sant de décentralisation, un coup mortel porté à notre
machine administrative que, se plaisent-ils à répéter, le
monde envie; d'autres, on pourrait presque dire au contraire, ont présenté l'organisation proposée comme devant
fatalement porter atteinte à l'individualité des communes,
et, de plus ou moins bonne foi, ils ont agité le spectre de
l'an III; à ces derniers, je ne peux mieux faire qu'opposer

ces quelques lignes de l'exposé des motifs qui précède la
loi du 22 mars 1890 : « La commune, y est-il dit, est la
pierre fondamentale de notre édifice politique, et tout projet ayant pour but ou devant avoir pour résultat d'affaiblir ses franchises doit être de prime abord écarté ; mais
tel n'est pas nécessairement le cas de tous les projets cantonaux : si l'œuvre du Directoire a été mauvaise, c'est à
cause des exagérations dues surtout au caractère purement politique des municipalités de canton ; l'exemple ne
doit pas être généralisé. » Il ne faut pas, parce que les
abus sont possibles, rejeter *a priori* tout projet sur cette
question, on peut rester en effet dans de sages limites, on
peut faire un départ d'attributions très rationnel entre les
Conseils municipaux et les Conseils cantonaux, ne donnant à ceux-ci « que les services pour l'organisation
desquels le groupe communal est actuellement sans forces
et sans ressources ».

Il ne faut donc pas s'arrêter là ; je dois envisager les
projets cantonaux en eux-mêmes, en dehors des circonstances qui les ont accompagnés, et me demander, à supposer que l'un d'eux eût été voté, s'il eût réalisé une innovation vraiment utile et vraiment féconde ; c'est en somme
poser la question suivante : Le chef-lieu de canton est-il,
comme on l'a affirmé, le centre de quelques besoins ?
Y a-t-il des intérêts proprement cantonaux ? On propose,
en effet, d'introduire d'un jour à l'autre dans notre système administratif, un rouage nouveau, sans origines historiques un rouage créé de toutes pièces et s'imposant sur

tout le territoire ; il faut qu'une telle réforme réponde à
des nécessités réellement pressantes et générales ; il faut
que ces 3.600 organes nouveaux aient une fonction absolument normale, des attributions bien claires et en quelque
sorte naturelles. Or, en est-il ainsi ? on le dit, mais en y
regardant de près, sur quoi se fonde-t-on pour l'affirmer ?
sur le passé d'abord et sur des espérances. Sur le passé :
on nous montre, depuis l'an IX, les nombreux services
qui sont venus se grouper au canton ; mais on oublie de
dire que ce sont presque tous des services d'État, établis
là d'autorité et d'une manière factice ; combien pourrait-
on citer — et alors seulement l'argument serait bon —
d'hospices cantonaux, par exemple, ou d'écoles primaires
supérieures cantonales ? C'est en somme à des espérances
qu'on en est réduit : Créez le canton, dit-on, vous verrez
combien vite il se développera et que de besoins nouveaux
se feront sentir ; mais il semble au moins bizarre de créer
un organisme complet en vue de besoins à venir, n'est-il
pas plus rationnel d'attendre ces besoins pour y répondre ?
Et puis à supposer même que ces besoins un jour ou l'autre
viennent en effet à naître, naîtront-ils les mêmes partout,
et qui plus est, partout à la fois ? C'est bien peu probable ;
et alors, pourquoi vouloir imposer à tous un régime identique ? Tous les efforts ont échoué ainsi devant l'indiffé-
rence des intéressés eux-mêmes. Chacun a dit : « A quoi
bon ? »

Enfin, une observation de fait suffirait à elle seule à
ruiner par la base tout projet d'organisation cantonale :

la division par cantons n'est qu'une simple expression
géographique, tout à fait arbitraire ; la loi du 8 pluviôse
an IX n'a pas eu du tout en vue de réunir les communes
ayant entre elles certaines affinités, certains besoins communs, autour d'un chef-lieu de canton, centre de ces
besoins, qu'en résulte-t-il ? Si des communes rurales
peuvent avoir besoin dans certains cas de s'entendre et de
s'unir pour une affaire commune, ces cas n'embrassent
jamais, à beaucoup près, toutes les communes d'un même
canton ; bien mieux, ces communes, qui ont un intérêt à
défendre, pourront très bien rencontrer dans l'Assemblée
cantonale d'autres communes qui auront un intérêt contraire, — l'exposé des motifs de la loi de 1890 cite le cas
bien fréquent où deux communes « ont de justes prétentions au rang de chef-lieu », — dès lors, le Conseil cantonal pourra devenir une occasion constante de conflits et
compliquer par suite, si ce n'est même compromettre
sérieusement, la bonne solution des questions rurales.

A l'inverse, deux communes, dont les intérêts sont
les mêmes se trouvent parfois dans deux cantons différents. « Il serait facile de citer des cas où une agglomération parfaitement homogène, par exemple un centre
industriel, s'est formé et développé sur les deux rives d'un
cours d'eau et où les deux moitiés de cette agglomération
appartiennent à deux communes, à deux cantons, à deux
arrondissements. L'on pourrait montrer également, des
hospices fondés pour desservir des communes appartenant
à plusieurs cantons. » Et cependant, on veut dicter aux

communes leur groupement, on en fixe les limites aux
limites du canton, le chef-lieu est désigné à l'avance; elles
entrent ainsi d'office, sans réserve possible, dans une association imposée, quelles que soient leur importance, leur
richesse, leur population; qu'elles aient ou non pourvu
chez elles aux besoins que l'on a en vue; qu'elles aient, en
un mot, intérêt ou non à s'associer. Et, une fois entrées
dans cette association, elles s'y trouveront nécessairement
soumises aux décisions d'une majorité dont elles diffèrent
peut-être absolument par le tempérament, les mœurs, les
opinions. Ces dernières observations, reproduites en grande
partie de l'exposé des motifs de 1890, me semblent vraiment probantes contre les projets d'organisation cantonale.

TROISIÈME PARTIE

L'IDÉE SYNDICALE. — LA LOI DU 22 MARS 1890 SUR LES SYNDICATS DES COMMUNES

Chapitre Premier. — *Les Origines.*

Origine logique de l'idée syndicale. — Les biens ou droits indivis entre plusieurs communes : lois de 1837 et de 1884. — Projet syndical voté par la Chambre en 1884 et repoussé par le Sénat. — Les conférences intercommunales de la loi de 1884.

Il est extrêmement désirable que les communes'trop faibles pour agir seules en certaines matières s'associent comme les individus; mais d'une part, et fort heureusement, un grand nombre de communes peuvent se suffire à elles-mêmes. et ne trouveraient aucun avantage à un groupement quel qu'il soit qui leur enlèverait de leur autonomie, une mesure générale serait donc pour le moins une source de complications inutiles; d'autre part, à supposer même que chaque commune du territoire ait intérêt à s'unir à d'autres communes pour la satisfaction de certains besoins semblables, ce sont ces besoins eux-mêmes qui doivent dicter les conditions et les limites de cette union sans tenir compte des circonscriptions géographiques. De ces conclusions mêmes, se dégage l'idée syndicale qui va maintenant m'occuper : l'association de communes qui ont intérêt à s'associer en vue d'un certain but, association faite en dehors de toute division préétablie ; cette idée apparaît en somme historiquement comme le résultat des critiques soulevées par les projets d'organisation cantonale.

Il ne faut pas exagérer cependant cette filiation et croire que l'idée syndicale n'apparaît que dans ces toutes dernières années ; non, elle a des origines assez anciennes, presque aussi anciennes même que l'idée cantonale, mais ces origines sont modestes et son développement est en réalité très moderne.

Le cas le plus flagrant d'intérêt commun à plusieurs communes est le cas d'une propriété indivise entre elles, et puis l'indivision ne connaît pas de limites territoriales de canton, de département, elle leur est même souvent préexistante ; c'est sur ce point que devait porter le premier effort syndical ; on s'étonne même qu'il se soit produit si tard ; les lois de 1789 et de l'an VIII sont complètement muettes, l'administration impériale y suppléa par des arrêtés préfectoraux. Ces arrêtés organisèrent une administration, qui, sous le nom de commissions administratives, géraient les biens, touchaient les revenus et en déterminaient l'emploi ; les communes, d'après M. Daguenet, mécontentes d'un régime qui les privait de toute participation directe à la régie de leurs propriétés s'opposèrent par des voies de fait graves aux actes les plus réguliers de l'Administration ; on se pourvut devant les tribunaux qui déclarèrent les commissions illégales en ce qu'elles n'étaient qu'une délégation de l'autorité préfectorale, il fallait un mandat des communes elles-mêmes. « Cette jurisprudence, ajoutait M. Daguenet, à la Chambre, en 1837, eut des conséquences déplorables, anarchiques, il est des agrégations de communes qui possèdent des propriétés considérables et qui, non seulement sont privées de toute espèce de revenus, mais sont encore obligées de s'imposer extraordinairement pour acquitter l'impôt foncier. » Ce n'est qu'en 1837 que la loi porta remède à cet état de choses : Loi du 18 juillet, articles 70 et s. reproduits presque littéralement dans la Loi du 5 avril 1884, art. 161 et s. Lorsque plusieurs communes ont des biens sur des droits indivis, le Gouvernement, sur la demande de l'une d'elles, instituera une commission syndicale, composée de délégués choisis dans leur sein par les différents conseils municipaux. Ainsi l'institution est de droit sur la demande d'une commune; le projet de la Commission réservait toute faculté au gouvernement, on fit remarquer avec raison que le droit de propriété deviendrait sans valeur et illusoire si la propriété ne pouvait être utilement exploitée par celui qui la possède. Quoi qu'il en soit, à côté de la délibération, l'action est donnée à un syndic président de la Commission et nommé par le préfet, il est depuis 1884 élu par la Commission elle même et dans son sein.

Quant aux attributions, le point le plus important, la Loi de 1837 n'était pas bien explicite, elle disait bien

art. 71 § 2 : « Les attributions de la commission syndicale
et du syndic, en ce qui touche les biens et les droits
indivis, seront les mêmes que celles des conseils municipaux et des maires pour l'administration des propriétés
communales ». Mais certains auteurs, notamment Batbie,
pensaient que ce mot « administration » ne devait pas être
pris ici dans un sens restrictif, qu'il signifiait « gestion »,
comme au titre de la Tutelle, chapitre de l'administration
du tuteur ; dès lors, d'après lui, une délibération de la
Commission, approuvée par le préfet, pouvait décider une
aliénation, une transaction, et même un partage des biens.
La Loi du 5 avril 1884 en a décidé autrement, art. 162 :
« Les attributions de la Commission syndicale et de son
Président comprennent l'administration des droits indivis
et l'exécution des travaux qui s'y rattachent... Mais les
ventes, échanges, partages, acquisitions, transactions,
demeurent réservés aux conseils municipaux, qui pourront autoriser le Président de la Commission à passer les
actes qui y sont relatifs ».

C'est là en somme, on le voit, une ébauche bien timide,
les Commissions syndicales ont à leurs pouvoirs d'étroites
limites qui leur enlèvent la force et l'initiative : et puis, il
ne s'agit là que d'un cas particulier ; enfin, au point de vue
économique même, des objections très graves pourraient
être formulées.

Il faut aller jusqu'en 1884 pour rencontrer une nouvelle
proposition d'associations syndicales entre communes,
mais elle est singulièrement plus hardie et plus compré-

hensive que l'œuvre de 1837 ; c'est au cours des travaux préparatoires de la loi municipale qu'elle fut produite, et seulement à la Chambre des Députés en seconde délibération, elle était contenue dans les articles 116 et suivants dont voici succinctement l'analyse. On prévoyait d'abord le cas où plusieurs communes auraient des droits ou des biens indivis, le Gouvernement instituerait alors pour leur administration une commission intercommunale, et cela, soit d'office, soit sur la réclamation de l'une d'elles ; la création d'une Commission syndicale pourrait donc être forcée, c'était une innovation, mais non la principale. En effet, une Commission intercommunale analogue pouvait être instituée dans les mêmes conditions en vue d'une entente sur les objets suivants : 1° création ou entretien à frais communs de cours ou d'écoles d'enseignement primaire supérieur, d'enseignement professionnel ou agricole ; 2° création ou entretien d'établissements de bienfaisance, hôpitaux, asiles de nuit ; 3° création, amélioration ou entretien des voies ou chemins vicinaux ordinaires desservant deux ou plusieurs communes. Il y avait là en somme un programme étendu et les matières visées étaient bien les plus importantes de celles que les petites communes négligent faute de ressources ; il est vrai que le projet posait à l'association une limite et une limite étroite, elle ne pouvait grouper que des communes d'un même canton ; on se demande pourquoi cette restriction qui faisait réapparaître le caractère insuffisant des propositions cantonales.

Quoi qu'il en soit, la Commission intercommunale et

son président avaient, en ce qui touche les biens ou les droits indivis, ou l'exécution des travaux, les mêmes attributions que le Conseil municipal et le maire en pareille matière.

La Chambre adopta ces dispositions en seconde lecture, sur le rapport de M. de Marcère qui se flattait d'avoir atteint le but de tous les projets d'organisation cantonale sans constituer un nouvel organisme administratif, « j'allais dire un nouvel *impedimentum*, avec son cortège de fonctionnaires et son appareil de formalités ». Mais au Sénat, des objections nombreuses furent soulevées qui l'emportèrent; le rapporteur, M. Demôle, reprochait aux Commissions intercommunales de n'être autre chose que des Conseils municipaux spéciaux constitués à l'état permanent, il y voyait même la pensée latente de la constitution de ce qu'on a appelé Conseils cantonaux, il déclarait enfin et surtout qu'il y avait dans le projet un coup très grave porté aux franchises communales en ce que les délibérations prises par la Commission n'avaient besoin en aucun cas, pour devenir exécutoires, d'être soumises à la ratification des Conseils municipaux. Au retour du projet à la Chambre, le nouveau rapporteur, M. Ferdinand Dreyfus, fit remarquer que la dernière assertion de M. Demôle était inexacte puisque les délibérations des Commissions ne pouvaient entraîner des votes de dépenses sans être approuvées par les Conseils intéressés; il demandait le maintien de l'innovation votée : « S'il est bon de permettre aux communes de se réunir pour administrer des biens indivis, pourquoi leur interdire de se concerter à frais communs pour la création d'établissements d'instruction ou de bienfaisance ? » La Chambre vota une seconde fois le projet, mais elle dût céder devant la résistance opiniâtre du Sénat.

Ce n'est pas à dire cependant que la loi de 1884 ne fît absolument rien dans l'ordre d'idées qui m'occupe : d'abord elle reproduisit, en précisant certains points, les articles de la loi de 1837 relatifs aux biens et droits indivis entre plusieurs communes. Elle fit autre chose encore, elle créa des conférences intercommunales art. 116 et s. calquées sur le modèle des conférences interdépartementales de la loi du 10 août 1871 sur les conseils généraux ; deux ou plusieurs conseils municipaux peuvent, par l'entremise de leurs Présidents et après en avoir averti le Préfet, provoquer une entente sur des objets d'utilité communale placés dans leurs attributions et qui intéressent à la fois leurs communes respectives ; la loi ajoute même qu'ils peuvent faire des conventions à l'effet d'entreprendre ou de conserver à frais communs des ouvrages ou des institutions d'utilité commune ; chaque conseil nomme alors trois délégués et ceux-ci se réunissent en conférences où le Préfet et le Sous-Préfet ont toujours entrée.

Ce système est loin d'avoir donné en pratique les résultats qu'on en attendait, il ne faut pas d'ailleurs s'en étonner. D'après l'article 117 en effet, les décisions prises ne seront exécutoires qu'après avoir été ratifiées par tous les conseils municipaux intéressés ; certains auteurs, comme M. Ducrocq — la loi municipale, p. 109 — pensent que « cette disposition est la sauvegarde des franchises communales ». Il n'en est pas moins vrai qu'elle compromet le succès des conférences, l'exposé des motifs de la loi de 1890 le fait très nettement comprendre. « Il n'existe rien, dit-il, en dehors des conseils municipaux, il ne naît de leur accord aucune autorité nouvelle ayant pouvoir et responsabilité ; l'œuvre elle-même n'a pas d'existence propre ; comment pourrait-elle dans ces conditions, offrir des garanties, de développement et de durée ? »

CHAPITRE II. — *La loi du 22 mars 1890. — Ses caractères généraux. — Son analyse juridique.*

Après la loi municipale, comme avant, un système d'association communale était donc encore à trouver et à faire réussir ; quelques publicistes, en appelant à l'échec de 1884 tentaient bien de décourager les nouveaux efforts ; M. Ducrocq par exemple - op. cit. p. 105 -, prédisait aux propositions d'initiative parlementaire que la Chambre refuserait de les prendre en considération, et « quant à l'initiative gouvernementale, disait il, quel serait le ministère qui voudrait en prendre la responsabilité ? » Cependant, dès 1888, M. Floquet, Président du Conseil, au nom du Président Carnot, déposait un nouveau projet sur le bureau de la Chambre des Députés ; ce projet après plusieurs renvois d'une Chambre à l'autre, après des rapports successifs nécessités par le changement de législature en

1889, est devenu la loi du 22 mars 1890 sur les syndicats de communes; sur la proposition du Sénat, la loi nouvelle fut annexée à la loi municipale, elle se compose donc en réalité d'un article unique, le suivant : « Il est ajouté à la loi du 5 avril 1884 un titre ainsi conçu : Titre VIII. — Des syndicats de communes ».

M. Joseph Reinach expliquait fort bien cette fusion dans son rapport à la Chambre : « La création du syndicat de communes, disait-il, n'est pas un acheminement vers le Conseil cantonal..., les associations communales n'ont pas pour objet d'affaiblir les franchises comunnales, leur but est de les fortifier, de les étendre... Il convient dès lors que par sa place même dans nos lois, comme déjà par son esprit et par sa lettre, le projet sur les syndicats se rattache directement à la loi constitutive de nos communes, à la Charte municipale de 1884. » Avant d'entrer dans l'étude détaillée de la loi nouvelle, qui fera désormais l'objet du présent travail, il est bon, dans un coup d'œil général, de marquer les principales innovations qu'elle réalise, ce qui permettra une comparaison facile avec les projets cantonaux ou le projet syndical de 1884.

D'après l'exposé des motifs lui-même, on peut ramener à cinq les dispositions les plus importantes du titre nouveau de la loi municipale :

1° L'association des communes est purement facultative. Ce principe de liberté, existant déjà dans la loi de 1884 pour les conférences intercommunales, constitue la principale différence avec le projet Goblet de 1882 et én général tous les projets d'organisation cantonale aussi bien qu'avec le projet voté par la Chambre en 1884 où un syndicat pouvait être créé d'office. On a cité ces paroles d'un rapporteur en 1837 : « Il faut se méfier des dispositions oiseuses, car elles discréditent les institutions utiles ; il ne faut réunir les hommes que lorsqu'ils ont quelque chose à faire, que lorsqu'ils ont des droits à exercer et des attributions à remplir. » Donc, plus de mesure générale désormais, plus de contrainte même particulière, l'association ne naîtra que de l'existence certaine de besoins collectifs, l'État ne fait que la proposer aux intéressés en leur laissant l'initiative.

2° Les objets, pour lesquels un syndicat est formé entre deux ou plusieurs communes, sont déterminés par le décret de Constitution ; il en résulte que les objets des associations intercommunales peuvent être très divers ; cette institution a et devait avoir, en effet, la plasticité des besoins eux-mêmes ; mais il fallait en même temps prévenir tous empiètements sur les attributions des départements ou des communes ; de ce côté, il n'y a rien à craindre : le canton formant un tout dans la hiérarchie administrative aurait pu porter atteinte à l'individualité des communes ; ici, rien de tel, le syndicat est limité dans son champ d'action par le décret même qui le crée ; il n'existe qu'avec un but déterminé, tout acte fait par lui et ne se rattachant pas à ce but est nul de plein droit, le Gouvernement par un contrôle incessant garantit les franchises communales contre tous les abus possibles.

3° Lorsqu'il a été régulièrement créé par un décret en Conseil d'État, le syndicat jouit de la personnalité civile, c'est là une différence capitale avec la conférence intercommunale de 1884, c'était d'ailleurs, le seul moyen de faire vivre et se développer l'institution nouvelle.

4° Le syndicat a un budget dont l'élément principal est la contribution obligatoire des communes intéressées; ainsi, au lieu d'alimenter le budget, comme d'après le projet Goblet de 1882, par des prélèvements sur les impôts établis au profit des communes, on l'alimente par une contribution des communes syndiquées, contribution déterminée par les nécessités du fonctionnement du service commun tel que les délibérations des Conseils municipaux l'ont elles-mêmes défini.

5° L'association est administrée par un conseil où sont représentées toutes les communes associées; ce conseil délibère sur les questions relatives au fonctionnement de l'œuvre commune, sans qu'il y ait besoin ensuite de l'assentiment des divers Conseils municipaux.

A ces cinq caractères fondamentaux du syndicat de communes indiqués dans l'exposé des motifs, il convient enfin d'en ajouter un sixième : contrairement à tous les projets d'organisation cantonale, l'association peut être contractée entre des communes de cantons différents et même de départements limitrophes; l'existence d'un intérêt commun est suffisant.

Cette vue d'ensemble n'est pas suffisante, la loi du 22 mars 1890, en effet, est une étape, la dernière jusqu'ici dans une évolution d'idées qui a duré plus d'un siècle : si dans la pratique elle n'a donné encore que de maigres résultats, son importance théorique n'en est en rien diminuée et elle mérite d'être étudiée de près; sans doute elle est de date trop récente pour qu'une jurisprudence ait dès aujourd'hui résolu toutes les difficultés qu'elle peut soulever; néanmoins, quelques points sont déjà fixés et sur d'autres on peut raisonner par voie d'analogie.

La loi, elle-même, fort bien ordonnée, me fournit la division de mon sujet en cinq paragraphes : § 1. — Conditions de la création d'un syndicat de communes. Procédure. § 2. — Organisation. § 3. — Mode de fonctionnement. § 4. — Attributions et spécialement du budget syndical. § 5. — Dissolution,

§ 1. — Conditions de la création d'un syndicat de communes. Procédure.

Quelle œuvre peut donner lieu à syndicat. Aucune énumération dans la loi. — Conditions générales : 1º Utilité communale; 2º Durée. — Quelles communes peuvent se syndiquer. — Conditions de forme : initiative des Conseils municipaux; délibérations concordantes; décret en Conseil d'État. — Adjonction au syndicat d'une commune nouvelle.

La question est réglée par l'article 169 de la loi du 5 avril 1884 modifiée — les articles du titre VIII sont unis à ceux de la loi municipale sous une seule série de numéros. — L'association des communes n'est jamais contrainte, c'est une simple faculté, mais en sens inverse, la liberté d'association est-elle absolue ? non, son exercice est limité par certaines conditions et soumis à une certaine procédure. Dans quel but, un syndicat peut-il être formé ? entre quelles communes ? Comment s'opère cette création ? voilà autant de points à éclaircir successivement.

Et, d'abord, quelles œuvres peuvent motiver la création d'un syndicat ? C'est, pour l'avenir de l'institution nouvelle, la question la plus importante ; or, la loi s'est gardée et bien à dessein de toute énumération restrictive : « Une telle énumération, disait avec raison M. Labiche dans son rapport au Sénat, aurait eu l'inconvénient de mettre obstacle à des entreprises que le législateur ne peut pas déterminer à l'avance et qui peuvent avoir un jour une utilité incontestable. »

Le besoin d'association peut se présenter, en effet, suivant les régimes, suivant les époques même, sous les aspects les plus divers, une loi véritablement libérale doit être assez large pour qu'il puisse être toujours satisfait. Comme la loi, la circulaire du Ministre de l'Intérieur du 10 août 1890, qui l'interprète, ne donne aucune énumération, elle se borne à fixer les idées par quelques exemples : ici, un syndicat se formera donc pour la création d'hospices ou d'hôpitaux, de bureaux de bienfaisance, l'institution de caisses de prévoyance ou de secours mutuels, l'organisation d'un service d'enfants trouvés ou de secours à domicile ; ailleurs, où l'assistance fonctionne déjà d'une façon satisfaisante, la forme nouvelle d'union ne restera pas pour cela sans utilité, elle aura encore beaucoup à faire sans doute dans le domaine des intérêts moraux, elle rendra possible l'installation d'établissements d'enseignement primaire supérieur, d'enseignement professionnel ou agricole, de bibliothèques ou d'archives, de musées ou collections de toutes sortes; les travaux publics profiteront aussi sans doute des bienfaits de la loi, des syndicats pourront se former pour l'entretien ou la création de voies d'intérêt collectif, la construction d'aqueducs, de ponts, de canaux, etc. ; quels ne seraient pas enfin les avantages de l'association pour certains usages ruraux, pour la mise en valeur des biens communaux et en général tous les intérêts agricoles ! On voit combien il eût été chimérique de vouloir dresser d'avance une liste complète; le législateur a donc agi prudemment en introduisant dans le texte ces simples mots : des associations pourront se former « en vue d'une œuvre d'utilité intercommunale »; à cette condition seulement, l'institution pouvait garder toutes ses chances de fécondité.

Certains esprits, soucieux avant tout de l'autonomie municipale, seraient peut-être portés à craindre que, de cette latitude laissée par les termes de la loi, naquissent certaines déviations ou même certains abus; les syndicats, diraient-ils, profitant de la liberté d'action qu'on leur laisse, s'écarteront du but qui les a fait créer, pour empiéter sur un domaine qui devrait rester purement communal; ainsi pourra se produire en fait, sinon en droit, la fusion de plusieurs communes. Une semblable objection ne porterait pas, car le législateur a prévu les abus et les a déjoués : d'abord, les objets sur lesquels s'exercera l'action intercommunale sont déterminés avec exactitude par le décret de création, tout acte fait en dehors de ces attributions ainsi limitées serait nul de plein droit; ce n'est pas tout, le décret même d'organisation n'interviendra pas à l'aveuglée; le législateur, en évitant toute énumération, n'a pas pu vouloir se soustraire aux principes généraux de l'organisation administrative; et ces principes nous enseignent d'une façon générale en vue de quels services un syndicat de communes peut être formé : dans une étude publiée par la *Revue Générale d'Administration* (n° de janvier 1895), M. Albert Ramalho a traité cette question avec une grande clarté, en s'appuyant sur de fort intéressants exemples de jurisprudence.

M. Ramalho donne deux conditions essentielles qu'une œuvre doit remplir pour pouvoir faire l'objet d'un syndicat : « 1° Elle doit rentrer, par sa nature, dans la spécialité de la commune, ou en d'autres termes, répondre à l'idée d'utilité communale. 2° Il faut que l'entreprise à réaliser présente un certain caractère de durée : que non seulement elle exige la participation financière des communes syndiquées, mais une action et une administration continues, de nature à justifier l'existence d'une personne morale investie du soin de veiller à la réalisation de l'œuvre commune, à l'entretien des ouvrages, à la gestion d'un patrimoine, à la préparation et à l'exécution d'un budget. »

La première condition est rationnelle en droit, et c'est le seul point de vue qui m'occupe ici; on ne comprendrait

point, à moins d'un texte spécial, que quelques communes,
en s'associant, acquissent par là même une compétence
plus étendue que lorsqu'elles sont isolées : ce principe
avait déjà eu l'occasion d'être appliqué à propos des conférences intercommunales ou interdépartementales, il fut
énoncé notamment dans un avis bien connu du Ministre
de l'Intérieur; celui-ci, consulté par le Préfet de la Creuse
sur la constitution d'une conférence interdépartementale
en vue d'étudier la question de l'abaissement des tarifs de
chemins de fer, répondit que « cette question est une
question d'intérêt général, et le fait que plusieurs départements peuvent avoir dans cette question des intérêts si-
milaires, n'en change pas le caractère ».

La jurisprudence gouvernementale, en matière de syndicats de communes, repose sur la même idée : quelques
communes demandaient à se syndiquer pour l'exploitation
d'un tramway ; le Ministre de l'Intérieur, d'accord avec
un avis du Conseil d'État du 24 février 1887, estima, dans
un avis du 21 août 1894, que « la question d'entreprise ou
d'exploitation d'une ligne ferrée ayant un caractère essentiellement industriel ne rentre pas dans le cercle normal
des attributions des municipalités » et que « la situation
d'un syndicat, au point de vue tant de la concession et de
l'exploitation des chemins de fer d'intérêt local ou des
tramways que du concours à recevoir, le cas échéant, de
l'État, pour l'exécution de ces lignes, est exactement celle
d'une commune dont le territoire comprendrait l'ensemble
des territoires des communes syndiquées. »

Une lettre ministérielle toute récente (Revue générale d'administration, n° de septembre 1897), reprend cette théorie dans une espèce qui ne manque pas d'intérêt; d'après ce document, la première condition que doivent remplir les communes pour bénéficier des dispositions de la loi des 5 avril 1884-22 mars 1890, c'est que « le projet en vue duquel elles veulent se grouper ait trait à un objet d'utilité communale au sens de la loi, c'est-à-dire à la réalisation d'une entreprise ou à la création d'un service rentrant dans les attributions des communes ». Il s'agissait de quatre communes qui voulaient s'associer pour assurer l'exécution des règlements administratifs concernant un cours d'eau affluent de la Marne et nommer certains agents pour constater les contraventions : le Ministre déclare, en termes très nets, que « la police des cours d'eau relève essentiellement de l'autorité préfectorale » que, d'autre part, le domaine communal est désintéressé dans la répression des contraventions puisque les cours d'eau non navigables ni flottables ne font pas partie de ce domaine, et il refuse l'autorisation. Je remarque incidemment que la lettre dont il s'agit est moins inattaquable à un autre point de vue; elle ajoute, en effet, que la nomination d'agents commissionnés peut d'ailleurs être réglée dans une conférence intercommunale réunie dans les conditions des articles 116 et suivants de la loi municipale et, enfin, dans le cas où les communes voudraient entreprendre des travaux de curage, par exemple, « la procédure à suivre consisterait à provoquer la constitution d'une association syndicale, par application des lois des 21 juin 1865-22 décembre 1888 » ; il semble qu'il y ait là une tendance à donner au mode d'union de 1890 un caractère subsidiaire qui n'est pas dans l'esprit de la loi.

La seconde condition nécessaire, d'après les principes généraux, pour la création d'un syndicat de communes, est que l'entreprise à réaliser présente un certain caractère de durée ; cela se comprend très bien encore : s'il s'agit, en effet, d'un acte isolé à faire, d'un projet à examiner, les conférences organisées par les articles 116 et suivants de la loi municipale, permettront d'atteindre ce but sans qu'il soit nécessaire pour cela de créer un établissement public. La pratique, bien que fort courte encore, présente cependant déjà des applications de cette seconde règle. Les communes de Juvisy-sur-Orge et de Vitry-Châtillon, avaient demandé l'autorisation de se constituer en syndicat pour concéder l'établissement et l'exploitation d'un abattoir intercommunal, ces communes n'avaient à intervenir pécuniairement que pour l'entretien d'un tronçon de route insignifiant. « Sans contester, répondit le ministre, que la construction et l'exploitation d'un abattoir intercommunal rentrent en principe dans la catégorie des entreprises qui peuvent motiver l'application de la loi municipale, titre VIII, je ne crois pas pouvoir proposer l'institution d'un établissement public, sinon sans objet, du moins sans attributions et sans budget, et dont l'existence toute nominale resterait, en fait, en suspens jusqu'au jour de l'expiration de la concession. » (Avis du ministre de l'Intérieur, du 26 avril 1893, cité par M. Ramalho). De même un projet de syndicat entre les communes de Chaville, Sèvres et Versailles, en vue d'étudier un plan de dérivation d'un cours d'eau, n'aboutit pas : « de simples études préparatoires ne rentrent pas dans les prévisions du législateur (avis du ministre de l'Intérieur du 18 novembre 1893) ». Enfin les communes d'Asnières, Colombes, Bois-Colombes, Courbevoie, Suresnes et Nanterre, ayant demandé de s'associer pour exercer une action contre la Compagnie des eaux de la banlieue, une lettre ministérielle du 30 avril 1898 répondit que quelle que soit la gravité du grief, la loi de 1890 ne pouvait s'appliquer.

Une intéressante question devait se poser et s'est posée, en effet, à propos de ces conditions exigées pour la formation d'un syndicat de communes; les communes, en faisant connaître au Gouvernement leur volonté de s'associer, doivent indiquer en vue de quelles œuvres ou de quels services, et le Gouvernement doit apprécier alors si le caractère intercommunal existe ou non ; or, on peut se demander si sa décision, sur ce point, est de nature à être discutée devant le Conseil d'État par la voie contentieuse ; par un arrêt du 17 juillet 1896, le Conseil d'État s'est prononcé dans le sens de la négative, conformément aux conclusions du ministre de l'Intérieur ; il s'agissait, en fait, d'un recours contre la constitution d'un syndicat qu'on prétendait n'avoir pas un but intercommunal ; mais l'espèce importe peu, en somme ; ce qui est à relever, c'est le principe du pouvoir discrétionnaire du Gouvernement ;

on peut conclure, par analogie, que les communes auxquelles serait refusée l'autorisation de se syndiquer, ne
pourraient pas davantage recourir au Conseil d'État par
la voie contentieuse.

Ainsi, une œuvre doit réunir au moins deux conditions
essentielles pour que soit possible la constitution d'un
syndicat; entre quelles communes maintenant ce syndicat
peut-il être formé? A ce point de vue des élargissements
successifs ont marqué les travaux préparatoires. Le projet
adopté par la Chambre, en 1884, ne se dégageait pas de
l'idée cantonale et ne prévoyait le syndicat qu'entre
communes d'un même canton; le projet présenté par le
Gouvernement, en 1888, permettait l'association entre
communes limitrophes dans un même département. La
commission de la Chambre alla plus loin encore. « Les
exemples sont nombreux, disait son rapporteur, de
communes placées sur les frontières de deux et même
trois départements et ayant, par leur situation topogra-
phique, par l'existence des voies de communication, des
relations constantes et des intérêts communs nombreux.
Elles doivent pouvoir s'associer pour la défense de ces
intérêts.

La Chambre adopta donc l'association entre communes limitrophes, même appartenant à des départements différents.

Enfin le Sénat fit un dernier pas dans cette voie libérale : « certaines communes, disait dans son rapport
M. Labiche, appartenant à des départements différents,
peuvent avoir des intérêts communs bien que non limi-

trophes », cela se présente surtout au point de vue de l'assistance, pourquoi leur refuserait-on de pouvoir s'associer? La loi a consacré, en définitive, cette manière de voir; elle exige simplement pour éviter des abus possibles, des unions entre communes très éloignées, que les communes, limitrophes ou non, appartiennent au moins à des départements limitrophes (art. 169). « Lorsque plusieurs communes d'un même département ou de départements limitrophes..., etc. »

J'ai examiné quelles conditions de fond sont nécessaires pour qu'un syndicat de communes puisse être créé; je suppose maintenant que ces conditions se trouvent réunies, quelle est la procédure à suivre pour arriver à cette création? C'est toujours l'article 169 qui répond à cette question, le voici d'ailleurs dans son intégralité : « Lorsque les Conseils municipaux de deux ou plusieurs communes d'un même département ou de départements limitrophes ont fait connaître, par des délibérations concordantes, leur volonté d'associer les communes qu'ils représentent en vue d'une œuvre d'utilité intercommunale et qu'ils ont décidé de consacrer à cette œuvre des ressources suffisantes, les délibérations prises sont transmises par le préfet au ministre de l'Intérieur ; et, s'il y a lieu, un décret rendu en Conseil d'État autorise la création de l'association qui prend le nom de syndicat de communes. »

Ainsi et tout d'abord, contrairement au projet voté par la Chambre en 1884, l'initiative est toujours laissée aux Conseils municipaux, en aucun cas le préfet ne peut créer

d'office un syndicat, comme il peut créer une association
syndicale entre propriétaires. Les communes qui veulent
s'associer doivent faire connaître leur volonté par l'organe
de leurs Conseils municipaux qui prennent sur ce point
des délibérations « concordantes ». Une difficulté d'interprétation s'est élevée sur ce mot « concordantes » ; que
faut-il entendre par là ? La loi exige-t-elle l'accord sur le
fond seulement ou dans la forme même ? Le Conseil d'Etat
a eu l'occasion, peu de temps après la promulgation de la
loi, de se prononcer sur la question ; il a décidé que non
seulement les délibérations des Conseils municipaux
devaient concorder sur la formation du syndicat, sur son
objet, mais qu'elles devaient de plus être conçues en
termes identiques, et que l'accord devait porter même
sur les voies d'exécution.

Quatre communes des Bouches-du-Rhône avaient
demandé l'autorisation de se constituer en syndicat pour
la construction et l'entretien d'un canal de dérivation de
la Durance, mais les délibérations de leurs Conseils étaient
rédigées en termes peu précis et divergeaient sur la question des voies et moyens ; le Conseil d'État a émis l'avis
que le syndicat ne pouvait pas être formé, tant que ne
seraient pas intervenues des délibérations en termes identiques, en vue : « 1° d'affirmer leur résolution de former
de concert un syndicat de communes par application des
lois des 5 avril 1884 - 22 mars 1890, à l'effet de telle œuvre
déterminée ; 2° de prendre au nom de leurs communes
respectives l'engagement de participer dans une propor-

tion déterminée aux dépenses de premier établissement, d'entretien des ouvrages et d'administration du syndicat ; 3° de créer à cet effet les ressources nécessaires et les fonds destinés à suppléer, le cas échéant, à leur insuffisance dans la même proportion et sous la réserve que la contribution des communes ayant concouru à la formation du syndicat diminuerait à mesure de l'augmentation de ses revenus et cesserait lorsque ceux-ci seraient jugés suffisants. »

Les délibérations ainsi prises par les Conseils municipaux intéressés sont transmises par l'intermédiaire du préfet au Ministre de l'Intérieur, qui les examine et qui, s'il y a lieu, demande au Conseil d'État de préparer un projet de décret. Le décret de création statue « non seulement sur la constitution du syndicat, mais aussi sur la création des voies et moyens en vertu de la règle de jurisprudence d'après laquelle la création des ressources doit être autorisée en même temps que l'exécution des travaux, lorsqu'il appartient à la même autorité de décider et en la même forme. » Ainsi, récemment, les Conseils municipaux de Thouars et de Saint-Jacques de Thouars ont demandé la création d'un syndicat formé par ces deux communes et dont l'objet devait être la reconstruction d'un pont sur le Thouet avec concession d'un péage au profit de la nouvelle association communale ; la règle énoncée tout à l'heure devait s'appliquer — il faut en effet un décret pour autoriser la création d'un pont à péage, et ce décret doit être précédé d'une enquête

réglée par l'ordonnance du 18 février 1834 ; — le Ministre
de l'Intérieur fut d'avis qu'il y avait lieu d'instruire paral-
lèlement sur l'institution du péage et l'établissement du
syndicat, puis le même décret statua sur les deux questions.

Une fois intervenu le décret en Conseil d'État, le syndicat est créé, les communes sont liées par ses termes
mêmes ; il y avait entre elles, pour ainsi dire, un contrat
sous une condition suspensive, l'approbation par décret ;
la condition est réalisée, les communes sont définitivement
obligées ; l'un des contractants ne pourra plus se retirer
de l'association tant que l'œuvre en vue de laquelle le
syndicat a été créé ne sera pas terminée. Mais, si l'une des
communes syndiquées ne peut pas sortir du syndicat, à
l'inverse une commune nouvelle peut manifester l'intention de se joindre au groupe déjà formé ; certaines circonstances ont pu faire naître chez elles un besoin qui,
auparavant, n'était pas ressenti, ou bien, ses dernières
hésitations ont peut-être été vaincues à la vue des bienfaits de l'institution ; va-t-il donc falloir qu'elle accom-
plisse toutes les formalités requises pour la création d'un
syndicat nouveau ? Une telle exigence eut été trop rigoureuse et se serait, d'ailleurs, mal expliquée ; l'article 169,
in fine, qui prévoit ce cas, statue : « D'autres communes
que celles primitivement associées peuvent être admises,
avec le consentement de celles-ci, à faire partie de l'association. Les délibérations prises à cet effet, par les Conseils municipaux de ces communes et des communes déjà

syndiquées, sont approuvées par décret simple ». Il faut
donc le consentement des communes déjà unies et leur
consentement unanime, car le syndicat repose sur un
contrat, et ce contrat ne peut être modifié qu'avec le consentement de toutes les parties; seulement, la faveur con-
siste en ce qu'un décret simple suffira pour approuver les
délibérations des divers conseils municipaux, le Conseil
d'État n'aura plus à intervenir, et son intervention n'aurait plus en effet la même raison d'être, puisqu'il s'agit
non pas ici de créer un être moral, mais simplement
d'agréger à un être moral déjà existant un ou plusieurs
membres nouveaux.

§ 2. — Organisation du Syndicat de communes.

Organisation du syndicat de communes. — La personnalité civile. —
La tutelle. — Siège du syndicat. — Comité syndical : sa composition; nomination des délégués; contentieux des élections; durée
du mandat.

« Les syndicats de communes sont des établissements
publics investis de la personnalité civile », ainsi s'exprime
l'article 170, et c'est là une des dispositions fondamentales
de la loi, une des conditions absolument indispensables à
son développement pratique : les conférences intercommunales de 1884 ne constituent aucune autorité ayant
pouvoir et responsabilité, puisque toutes leurs délibérations pour devenir exécutoires, doivent être approuvées
par les Conseils municipaux : les Commissions syndicales

elles-mêmes, prévues par les articles 161 et suivants pour
la gestion des biens ou des droits indivis entre plusieurs
communes, ont un pouvoir limité aux actes de simple administration ; les syndicats de communes, au contraire,
sont des personnes, et à ce titre ils acquièrent une capacité complète, ils peuvent, par exemple, vendre, échanger,
acquérir à titre gratuit ou à titre onéreux, ester en justice, etc., d'une manière générale accomplir tous les actes
de la vie civile. Mais les syndicats, s'ils sont capables de
faire ces divers actes, ne jouissent pas évidemment à cet
égard d'une liberté absolue ; le même article 170 qui leur
accorde la personnalité civile, ajoute aussitôt que « les
lois et règlements concernant la tutelle des communes
leur sont applicables ». Un exposé, même sommaire, de
cette tutelle, m'entraînerait, si je voulais être complet, à
commenter presque en entier la loi de 1884, quelques
exemples suffiront : un syndicat ne peut ester en justice
sans y être autorisé par le Conseil de préfecture : en principe, la délibération par laquelle un syndicat accepte ou
refuse un don ou legs est exécutoire par elle-même,
cependant il faut un arrêté préfectoral, quand la libéralité
est grevée de charges ou conditions, et même un décret
en Conseil d'État quand il y a réclamation des préten-
dants-droit à la succession : une approbation préfectorale
est nécessaire pour une aliénation à titre onéreux de
meubles ou d'immeubles, etc.

En somme, les syndicats sont placés comme les communes sous la tutelle du Gouvernement représenté par le

préfet ; une question se pose alors immédiatement : dans le cas où le syndicat sera composé de plusieurs communes appartenant à des départements différents, à quelle préfecture va-t-il ressortir ? Il importait de déterminer ce point, car il était impossible dans une pareille hypothèse de partager la tutelle ; on aurait pu, comme dans bien d'autres cas, la donner directement au ministre ; l'article 179 *in fine* admet une autre solution : il dispose, en effet, que « dans le cas où plusieurs communes syndiquées font partie de plusieurs départements, le syndicat ressortit à la préfecture du département auquel appartient la commune, siège de l'association » ; c'est donc le préfet de ce département qui devra centraliser les affaires, donner ou refuser son approbation dans les cas déterminés par la loi, communiquer avec le Ministre de l'Intérieur. Mais comment est fixée à son tour la commune siège du syndicat ? Il faut chercher une réponse dans l'article 172 : « La commune siège du syndicat est fixée par le décret d'institution sur la proposition des communes intéressées. » Le texte voté par la Chambre portait les mots : « Sur la proposition de la majorité des communes intéressées. » Le Sénat n'a pas voulu que la majorité pût faire loi, considérant qu'il y avait là, sans doute, une décision dont les conséquences dans l'avenir pouvaient devenir graves ; l'accord unanime des communes sur le siège du syndicat est donc exigé, bien que le texte ne s'en explique pas expressément.

Comment est administré le syndicat ? Quels sont ses

organes ? L'article 171 *in principio* dispose : « Le syndicat est administré par un Comité. » Ce Comité est l'organe
essentiel du syndicat. Comment est-il donc composé ?
D'après le projet primitif voté par la Chambre, ce comité
devait toujours se composer de délégués nommés par les
conseils municipaux à raison de deux par commune ; la
Commission du Sénat proposa une modification importante, prévoyant le cas où l'initiative et les ressources
d'un syndicat sont dues, soit à une donation particulière,
soit à l'intervention du département. « Si le département,
par exemple, disait M. Labiche, intervient d'une façon
très large dans la fondation de ces établissements intercommunaux d'assistance et d'instruction, il est utile qu'il
soit représenté dans la direction d'un établissement dont
il fournit en grande partie les ressources. » La Commission proposait donc d'enlever à l'article 171 son caractère
impératif et de faire précéder sa teneur de ces mots « à
moins de dispositions contraires, confirmées par le décret
d'institution. » Une discussion s'éleva au Sénat, sur ce
point, en deuxième délibération, on demanda au rapporteur s'il ne pouvait pas arriver que les Conseillers municipaux fussent absolument exclus du Comité, qu'ils en
fussent exclus non seulement à titre temporaire mais
même perpétuellement ; la réponse était aisée : « Le
danger d'exclusion systématique des représentants des
communes, dit M. Labiche, n'est nullement à redouter, si
l'on veut bien ne pas perdre de vue qu'un syndicat de

communes ne peut être constitué qu'avec l'accord unanime des communes associées. Les représentants des communes ne pourraient donc être complètement exclus du Comité que par une abdication volontaire des conseillers municipaux. Cette abdication est bien difficile à supposer. »

La rédaction de la Commission fut en définitive adoptée par le Sénat, puis par la Chambre ; le Comité peut donc être organisé de façon toute spéciale par le décret d'institution, « de manière à permettre d'introduire dans ce comité les personnages ayant qualité pour gérer les affaires de l'Association. » C'est seulement en l'absence de dispositions particulières que l'article 171 s'applique : « A moins de dispositions contraires, confirmées par le décret d'institution, le Comité est constitué d'après les règles suivantes : les membres sont élus par les Conseils municipaux des communes intéressées. Chaque commune est représentée dans le Comité par deux délégués. » Il est intéressant de remarquer que les maires ne sont pas de droit membres du Comité. L'article 171 indique des règles détaillées pour l'élection des délégués par chaque Conseil municipal ; ces règles sont reproduites de l'article 76 de la loi du 5 avril 1884, sur l'élection des maires et des adjoints. Le Conseil municipal peut choisir ses délégués parmi ses membres ou en dehors d'eux, la loi exige seulement pour qu'un citoyen soit éligible, qu'il réunisse toutes les conditions requises pour faire partie d'un Conseil municipal. Les élections ont lieu au scrutin et à la majorité absolue ; si après deux tours de scrutin, aucun candidat n'a atteint cette majorité, il est procédé à un troisième tour et l'élection a lieu alors à la majorité relative; en cas d'égalité de suffrages, le plus âgé est déclaré élu.

Ces règles sont exactement celles de l'article 76 relatif à l'élection des maires et adjoints, aussi la circulaire du Ministre de l'Intérieur du 10 août 1890 dispose-t-elle qu' « il conviendra en cas de difficulté, de se reporter aux règles tracées par la jurisprudence en pareille matière. » Mais par qui seront jugées les contestations électorales qui pourront s'élever ? Sur ce point, la loi ne contient aucune disposition formelle, aussi dans la doctrine s'est élevée déjà une controverse ; la jurisprudence n'a pas eu encore, que je sache, à se prononcer sur la question ; certains auteurs pensent qu'en l'absence d'un texte, aucune assimilation n'est possible entre le syndicat de communes et la commune en matière de contentieux électoral, ils pensent qu'il faut à ce point de vue appliquer les règles posées sur les désignations faites par les Conseils municipaux de délégués aux conférences intercommunales (art. 117), ou aux Commissions syndicales (art. 161 de la loi de 1884), c'est-à-dire que, suivant cette opinion, les contestations appartiennent, non pas au Conseil de préfecture, mais au préfet, sauf recours devant le Conseil d'État au contentieux d'après l'article 67 ; mais ce rapprochement de textes n'est autorisé par aucune disposition de la loi ; on ne peut même pas invoquer un argument d'analogie, il y a en effet une différence énorme entre la nomination

d'un Comité représentant un établissement public et la
désignation des membres d'une conférence, dont la durée
est éphémère, ou d'une Commission dont les pouvoirs sont
limités aux simples actes d'administration ; d'autre part,
avant la loi de 1884, aucun texte formel n'assimilait quant
à leur contentieux, les élections des maires et des adjoints
aux élections municipales, le Conseil d'État appliquait
cependant aux premières les règles prescrites pour les
secondes ; les élections des membres du Comité étant
régies par des règles identiques, rien ne semble s'opposer
à une assimilation analogue quant au contentieux, assimilation qui sera probablement réalisée par une jurisprudence ultérieure.

Quelle est la durée du mandat des délégués au Comité
syndical ? Le projet primitif fixait à six ans la durée de
ce mandat, avec renouvellement par tiers tous les deux
ans ; mais la Commission de la Chambre a jugé qu'il était
impossible de donner au mandat de délégué d'un Conseil
municipal une durée plus longue que celle du mandat de
ce Conseil municipal lui-même, elle a donc introduit dans
la loi une disposition aux termes de laquelle « les délégués du Conseil municipal suivent le sort de cette assemblée quant à la durée de leur mandat ; » toutefois, ce
principe reçoit immédiatement une exception, la loi
ajoute : « En cas de suspension, de dissolution du Conseil
municipal ou de démission de tous les membres en exercice, ce mandat est continué jusqu'à la nomination des
délégués par le nouveau Conseil. » Les délégués sortants

sont d'ailleurs indéfiniment rééligibles. Dans l'intérêt de chaque commune à être constamment représentée dans le syndicat, la loi dispose que s'il vient à se produire une vacance parmi les délégués, par suite de décès, démission ou toute autre cause, le Conseil municipal pourvoit au remplacement dans le délai d'un mois. Je n'insiste pas d'avantage : enfin, l'article 171 *in fine* prévoit le cas d'un Conseil municipal négligeant ou refusant de nommer ses délégués, après mise en demeure du préfet : alors « le maire et le premier adjoint représentent la commune dans le comité du syndicat. »

§ 3. — Mode de fonctionnement du Comité.

Mode de fonctionnement du comité. — Les sessions. — Ordre et tenue des séances. — Communication des procès-verbaux et du budget. — Le bureau. — Droit d'entrée du préfet. — Les commissions de surveillance. — Les gérants.

C'est l'objet des articles 173 et 174 de la loi. « Le Comité tient chaque année deux sessions ordinaires, un mois avant les sessions ordinaires du Conseil général. » C'est qu'en effet, comme le fait remarquer dans sa circulaire le ministre de l'Intérieur, « cette assemblée — le Conseil général — pourra être appelée à se prononcer sur les questions qui intéressent le syndicat, notamment pour répondre aux demandes de concours adressées au département. » Lorsqu'une session extraordinaire sera jugée nécessaire, le président pourra convoquer le Comité| à la seule condition de prévenir le préfet trois jours avant la réunion. « Le Président est obligé de convoquer le Comité, soit sur l'invitation du préfet, soit sur la demande de la moitié au moins des membres ; » en effet, certaines circonstances peuvent exiger une décision urgente, qui échappent au président, la loi lui fait alors une obligation de déférer à la demande, soit du préfet, soit de ses collègues.

L'article 174 déclare applicables aux séances du comité du syndicat les règles qui déterminent « l'ordre et la tenue des séances », des Conseils municipaux, ces règles sont contenues dans les articles 46 et suivants de la loi du 5 avril 1884, je ne veux que préciser les principales sans commentaires.

Les sessions ordinaires ont une durée de quinze jours, pouvant être prolongée « avec l'autorisation du sous-préfet », dit l'article 46, ici probablement du préfet, au moins si le syndicat comprend des communes appartenant à plusieurs arrondissements : pendant ces sessions ordinaires, le Comité peut s'occuper de toutes les matières qui rentrent dans ses attributions ; pour les sessions extraordinaires, au contraire, la convocation doit contenir l'indication des objets spéciaux et déterminés pour lesquels le Comité doit s'assembler et il ne peut s'occuper que de ces objets. Art. 47.

Les convocations sont faites par le Président, elles sont adressées par écrit et à domicile trois jours francs au moins avant celui de la réunion, sauf les cas d'urgence où le délai peut être abrégé par le préfet. Art. 48.

Le Comité ne peut délibérer que lorsque la majorité de ses membres en exercice assiste à la séance; quand, après deux convocations successives, à trois jours au moins d'intervalle et dûment constatées, le Comité ne s'est pas réuni en nombre suffisant, les délibérations prises après la troisième convocation sont valables, quel que soit le nombre des membres présents. Art. 50.

Les délibérations sont prises à la majorité des votants. En cas de partage, sauf le cas du scrutin secret, la voix du président est prépondérante; le scrutin secret peut être demandé par un tiers des membres présents, le scrutin public par un quart. Art. 51.

Le président a seul la police de l'assemblée. Art. 55.

Il est tenu un registre des délibérations. Art. 57.

Tout membre du Comité qui, sans motifs reconnus légitimes a manqué à trois convocations successives peut être déclaré démissionnaire par le préfet, sauf recours devant le Conseil de préfecture. Art. 60.

Ainsi les règles sur le fonctionnement des Conseils municipaux s'appliquent donc en principe au Comité du syndicat; il y a cependant à ce principe certaines exceptions résultant de dispositions formelles de la loi; par exemple, l'article 54 de la loi municipale décide que les séances des Conseils municipaux sont publiques. il n'a pas été étendu à notre matière, la Chambre a pensé

que le caractère tout spécial des travaux du Comité suffisait pour justifier cette différence.

De même, d'après l'article 58, « tout habitant ou con-
tribuable a le droit de demander communication sans
déplacement, de prendre copie totale ou partielle des
procès-verbaux du Conseil municipal, des budgets et des
comptes de la commune. Chacun peut les publier sous sa
responsabilité. »

Pour les syndicats de communes, l'article 177 *in fine*
dispose simplement : « copie du budget et des comptes
du syndicat sera adressée chaque année aux Conseils
municipaux des communes syndiquées. Les conseillers
municipaux de ces communes pourront prendre communication des procès-verbaux des délibérations du Comité
et de la Commission de surveillance. » Ainsi ce droit
existe ici pour les seuls conseillers municipaux, et encore,
pour les comptes et le budget, la communication ne peut
pas en être demandée en tout temps, elle n'est faite qu'une
fois l'an ; le Conseil d'État a décidé à maintes reprises
que le droit à communication emportait le droit de prendre
copie, il résulte de cette jurisprudence que les conseillers
municipaux pourront prendre copie des procès-verbaux et
même les publier sous leur responsabilité, « de même que
les habitants pouvaient autrefois publier les délibérations
du Conseil municipal, avant que la loi s'en exprimât for-
mellement. »

L'article 173 donne au Comité le droit d'élire annuellement son bureau parmi ses membres ; le bureau est com-

posé normalement d'un président et d'un secrétaire, le
Comité peut nommer aussi un vice-président chargé de
remplacer le président en cas d'absence ou d'empêchement ; M. Morgand fait judicieusement remarquer — la
Loi municipale, tome II — que ce serait même là une
façon de combler une lacune de la loi, « car il n'y a dans
le titre VIII aucune disposition analogue à celles qui
assurent en tous cas la représentation du maire. « Pour le
secrétaire, il y a une différence à signaler entre le Comité
du syndicat et le Conseil municipal : celui-ci nomme son
secrétaire au début de chaque session, celui-là le désigne
annuellement. Les élections sont faites suivant les règles
posées par l'article 76 sur les élections des maires et des
adjoints, et ici encore, dans le silence de la loi, les contestations seraient portées devant le Conseil de préfecture.

De même enfin, que l'article 117 donnait aux préfets et
aux sous-préfets le droit d'assister aux réunions des conférences intercommunales, de même l'article 173 leur
donne entrée aux séances du Comité ; cet article est même
plus complet en ce qu'il permet expressément au préfet
ou au sous-préfet de se faire représenter par un délégué ;
on a voulu assurer l'intervention d'un fonctionnaire qui,
selon la remarque de la circulaire ministérielle, pourra être
très utile au début de l'institution nouvelle.

« Les conditions de validité des délibérations du Comité ;
les conditions d'annulation de ses délibérations, de nullité
de droit et de recours, sont celles que fixe la loi du 5 avril

1884 pour les Conseils municipaux. » Article 174. Un examen, même sommaire, des distinctions à faire, me retiendrait trop longtemps et sans grande utilité, pour que j'insiste davantage.

Je préfère m'arrêter un instant sur l'article 175 ainsi conçu : « Le Comité peut choisir soit parmi ses membres, soit en dehors, une Commission de surveillance et un ou plusieurs gérants. Il détermine l'étendue des mandats qu'il leur confère. » La circulaire du 10 août explique fort bien la raison d'être de cette faculté de délégation donnée au Comité par la loi : les membres peuvent être, en effet, en très grand nombre, ils peuvent appartenir souvent à des communes très éloignées, il serait alors très difficile de réunir le Comité aussi souvent que les besoins l'exigeraient. Une Commission de surveillance, au contraire, choisie dans la commune siège du syndicat, pourra se réunir plus souvent et rendre de grands services dans l'administration des affaires urgentes. De même que cette Commission peut être appelée à remplacer le Comité dans la délibération, de même un ou plusieurs gérants peuvent être désignés pour remplacer le président empêché. ces gérants jouent auprès de celui-ci le rôle des adjoints auprès du maire. Mais ces délégations auraient pu donner lieu à des abus si la loi n'avait pris certaines précautions, aussi déclare-t-elle que « les décisions prises en vertu du précédent paragraphe ne sont exécutoires qu'après approbation du préfet »; et le Minsitre de l'Intérieur, dans sa circulaire, recommande à ses subordonnés de veiller « à

ce que ces délégations se rapportent à des objets compris
dans ceux en vue desquels a été créé le syndicat ; car en
aucun cas ces délégués ne sauraient avoir des attributions
plus étendues que leurs commettants », de veiller également à ce que les Commissions de surveillance et les
gérants se renferment dans les limites du mandat qui leur
a été légalement conféré. D'ailleurs, la durée des fonctions
des mandataires ne peut jamais dépasser la durée des
pouvoirs du Comité, et ils peuvent toujours être révoqués
« dans les formes où ils ont été nommés. »

§ 4. — Attributions et spécialement du budget syndical.

Attributions du syndicat de communes. — Leur extension après
le décret constitutif. — Situation légale des établissements qui
font l'objet d'un syndicat. — Règle spéciale pour l'assistance.
— Du budget syndical et de la comptabilité. — Divers systèmes
en présence. — Système de la loi de 1890. — Question d'un
emprunt. — Règles de comptabilité.

La loi du 22 mars 1890 ne donne aucune énumération
des attributions des syndicats de communes, et en effet
celles-ci varient d'une espèce à l'autre suivant l'objet de
l'association ; elles sont fixées par le décret de constitution, mais elles sont alors fixées limitativement, et le
Comité ne peut sous aucun prétexte s'occuper d'objets non
prévus par le décret.

Est-ce donc à dire que le rôle du syndicat ne pourra

jamais se développer? La loi s'est bien gardée d'aller jusque-là; elle a voulu simplement éviter les abus; l'article 178 prévoit ce cas où des besoins nouveaux viendraient à se faire sentir qu'un syndicat déjà existant pourrait satisfaire ; ce syndicat peut alors « organiser des services intercommunaux autres que ceux prévus par le décret d'institution » ; mais cette extension de pouvoirs est très grave, elle augmente la sphère d'action d'une personne morale, cela n'est guère moins important que la création d'une personne morale nouvelle, aussi les conditions exigées sont elles les mêmes : il faut d'abord que les Conseils municipaux se soient mis d'accord pour l'adjonction des nouveaux services « aux objets de l'association primitive » ; puis, le Gouvernement exerce un contrôle préventif, « l'extension des attributions du syndicat doit être autorisée par décret dans la même forme que le décret d'institution » ; c'est-à-dire par décret rendu en Conseil d'État.

Malgré la diversité d'objets des syndicats de communes la plupart ont ce caractère commun d'être créées pour l'administration de certains établissements; or la loi s'occupe, et c'est une question très importante, de la situation légale de ces établissements faisant l'objet des syndicats; c'est l'article 176 qui statue sur ce point, il dispose dans les termes suivants : « L'administration des établissements faisant l'objet du syndicat est soumise aux règles du droit commun. Leur sont notamment applicables les lois qui fixent, pour les établissements analogues, la constitution des commissions consultatives ou de surveillance, la composition et la nomination du personnel, la formation et l'approbation des budgets, l'approbation des comptes, les règles d'administration intérieure et la comptabilité. Le Comité exerce, à l'égard de ces établissements, les droits qui appartiennent aux conseils municipaux à l'égard des établissements communaux de même nature ».

La circulaire ministérielle ajoutait : « La loi ne parle que de commissions de contrôle et de surveillance, elle ne fait pas mention de commissions administratives. La gestion des établissements ne sera donc pas confiée à un autre corps que le Comité lui-même. Celui-ci pourra se faire assister de citoyens pris en dehors de son sein et qui, à raison de leur compétence et de leurs capacités spéciales, paraîtront aptes à contrôler et à surveiller utilement la marche des services. Mais les commissions ainsi constituées n'auront aucun pouvoir de décision ».

Cependant le Conseil d'Etat n'a pas partagé l'opinion du ministre et dès la première application de la loi du 22 mars 1890, à l'occasion du décret du 26 mars 1892 autorisant les communes de Pantin, Bagnolet, Les Lilas et les Prés Saint-Gervais à se syndiquer en vue de créer un hospice intercommunal, il émit dans une note un avis contraire, pensant que « la personnalité civile d'un hospice intercommunal, par exemple, ne doit pas être absorbée par celle du syndicat; de même qu'un hospice ordinaire a une existence distincte de celle de la commune dans laquelle il a été créé, de même un hospice intercommunal doit former un établissement indépendant du syndicat, qui n'est, en réalité que la représentation de plusieurs communes associées.

Les hospices de cette nature doivent donc être administrés conformément aux lois qui régissent les hospices communaux et, notamment, le Comité du syndicat, n'a d'autre rôle à remplir vis-à-vis d'eux que celui dont est chargé le Conseil municipal dans chaque commune, à l'égard de l'établissement charitable qui y est installé. »

De même, un décret du 25 avril 1894, qui a autorisé diverses communes des Vosges à se syndiquer pour la création d'un hospice dispose dans son article 2 que « l'administration de cet établissement sera soumise aux règles qui régissent les hospices communaux. » Ce principe, d'après lequel le syndicat ne peut exercer, quant à l'objet de l'association d'autres pouvoirs que ceux qui auraient pu appartenir aux communes agissant isolément, doit d'ailleurs être généralisé : M. Albert Ramalho cite un avis du ministre de l'Intérieur du 26 mai 1894 qui en fait une application au cas où l'établissement dont il s'agit est une école, bien que celle-ci ne puisse pas acquérir la personnalité civile.

Le dernier paragraphe de l'article 176 porte que « si le syndicat a pour objet de secourir des malades, des vieillards, des enfants ou des incurables, le Comité pourra décider qu'une même commission administrera les secours, d'une part à domicile, et d'autre part à l'hôpital ou à l'hospice. » La circulaire ministérielle explique avec quelque détail le sens de cette disposition : sauf à Paris, l'assistance communale est divisée entre deux administrations distinctes, celle des hospices et celle des bureaux de bienfaisance ; la jurisprudence, invoquant la spécialité des attributions des établissements publics, interdit tout empiètement de l'une sur l'autre ; cependant une enquête prescrite par le ministre de l'Intérieur en 1888 montra que, dans bien des cas, la fusion entre les commissions administratives des deux établissements présenterait de grands avantages ; la loi de 1890 a tenu compte de cet enseignement, en se bornant d'ailleurs avec sagesse à donner au syndicat la faculté de réaliser l'union des administrations charitable et hospitalière sans la lui imposer.

Du budget syndical et de la comptabilité. — Il ne peut pas être question dans la loi d'une énumération des dépenses à inscrire au budget syndical, celles-ci varieront en effet suivant l'objet même du syndicat ; on peut seulement dire d'une manière générale que le budget « comprendra, en dépenses, les allocations diverses destinées soit à la création, soit à l'entretien des établissements ou des services en vue desquels le syndicat a été constitué ».

Quant aux ressources du budget, elles sont au contraire indiquées nécessairement par la loi, et c'est l'une des questions qui ont « le plus profondément divisé les auteurs des divers projets sur la matière ». Bien des systèmes ont été proposés dont l'exposé des motifs rappelle les principaux : dans le projet de la commission extra-parlementaire de 1870 repris en 1871 par M. Waddington, le Conseil cantonal avait le pouvoir, jusqu'à un certain maximum, de voter des centimes additionnels, mais à la condition d'obtenir l'approbation de toutes les communes intéressées : un pareil système pouvait se comprendre en théorie, le canton devenant une véritable unité administrative; mais il est fort probable qu'en pratique il lui eût été souvent impossible de fonctionner, car les communes hostiles en grand nombre à la création de cette nouvelle unité, dont elles redoutaient les empiètements, auraient eu garde de lui donner des ressources dans la crainte d'augmenter sa puissance; si l'on voulait employer la contrainte, il fallait aller jusqu'au bout et donner au Conseil cantonal le droit ferme de voter des impôts, sans qu'il soit besoin d'aucune approbation.

Le projet Goblet de 1882 n'avait pas voulu, comme on sait, permettre la création de nouvelles charges; il alimentait le budget cantonal à l'aide de prélèvements sur les impôts établis au profit des communes ; cette contribution obligatoire des petites communes déjà si pauvres, à une œuvre qu'elles n'ont pas demandée et que souvent elles désapprouvent, était vraiment excessive et aurait soulevé sans doute dans l'application des difficultés et des protestations sans fin. On aurait pu imaginer aussi d'attribuer aux cantons une part dans un impôt d'État; mais, dit l'exposé des motifs de 1890, ce système doit être absolument repoussé « non seulement parce que la situation générale de nos finances ne permet pas de l'adopter,

mais surtout parce que les intérêts locaux doivent trouver, en principe, leur satisfaction dans les ressources
locales et ne point toujours compter sur le concours de
l'État. » Ce n'est pas à dire d'ailleurs que toute intervention
de l'État sera impossible, mais elle apparaîtra alors sous
forme de subventions exceptionnelles et non pas de ressources normales.

Quoiqu'il en soit, le caractère de la loi nouvelle, si différent du caractère des projets antérieurs sur l'organisation cantonale, appelait pour le budget des règles nouvelles. » Le syndicat de communes n'est pas comme la
commune et le département une unité administrative, ce
n'est pas une société politique véritable, il n'a pas d'attributions étendues, il n'est qu'une association formée entre
les communes pour l'exécution d'une œuvre déterminée.
Le Conseil qui le régit n'émane pas d'ailleurs du suffrage
universel, il n'est qu'une sorte de Conseil d'administration
où les associés sont représentés. Il serait contraire aux
principes fondamentaux de notre droit public que le droit
souverain de lever un impôt leur fut délégué ». Le syndicat de communes en un mot, c'est une société, c'est donc
à ses membres et à eux seuls qu'elle peut demander les ressources nécessaires à son fonctionnement; ceux-ci s'en-
gagent, au moment même où ils s'associent, à fournir les
sommes indispensables à l'œuvre qu'ils veulent entreprendre; la loi fait de cet engagement une condition *sine
qua non* de la constitution du syndicat; dès lors le concours des communes est obligatoire, mais il ne faut pas

se laisser tromper par ce mot, et, comme le fait remarquer l'exposé des motifs, on n'ajoute pas par là une nouvelle dépense obligatoire à celles déjà existantes d'après la loi municipale : « L'obligation ici ne résulte pas d'une décision de la loi, et c'est une obligation purement contractuelle, une dette de droit commun, dont le montant est déterminé par l'engagement même des communes contractantes, et l'autorité administrative n'aura à intervenir que pour vérifier, en réglant le budget, si les dépenses projetées et les sommes réclamées par suite aux communes sont bien conformes aux nécessités du service commun, défini par les délibérations qui lui auront donné naissance et le décret qui l'a constitué ».

Les recettes du budget comprendront donc en premier lieu, et ce sera la ressource de beaucoup la plus importante, la contribution des communes intéressées ; celles-ci pourvoiront au payement de leur contingent, soit au moyen de leurs ressources ordinaires ou extraordinaires disponibles, soit à l'aide du produit de cinq centimes spéciaux que la loi les autorise à s'imposer par addition au principal de leurs contributions directes.

La loi cite parmi les ressources possibles du syndicat : le revenu des biens, meubles ou immeubles, de l'association, par exemple, les taxes que le syndicat des communes de Thouars et Saint-Jacques-de-Thouars a été autorisé à percevoir sur un pont construit par lui ; les sommes qu'il reçoit des administrations publiques, des associations, des particuliers, en échange de services rendus ; les subventions de l'État, des départements et des communes; le produit des dons et legs.

Le budget une fois voté est communiqué chaque année aux Conseils municipaux, et à eux seuls, car la publicité n'existe pas.

Une difficulté s'est élevée sur la question de savoir si un syndicat de communes pourrait ou non être autorisé à contracter un emprunt; la loi n'en parle pas du tout, mais il semble bien qu'en principe rien ne s'y oppose; d'ailleurs la question est plutôt théorique que pratique; en effet, quand un emprunt est fait, il faut ensuite des ressources pour son amortissement, or, « les syndicats n'ayant pas la faculté d'établir des impôts à leur profit, ne trouveront guère dans leur budget que les ressources nécessaires à l'entretien des œuvres qu'ils auront créées. Quant aux frais de premier établissement de ces œuvres, ils seront prévus dès la constitution du syndicat, et, si des emprunts sont nécessaires pour y faire face, ils seront plus facilement contractés par les communes, chacune pour le montant du contingent qu'elle sera obligée de fournir. »

L'article 172 dispose que « les règles de la comptabilité des communes sont applicables à la comptabilité des syndicats ». Il s'agit des règles posées par la loi municipale du 5 avril 1884 dans son chapitre IV, articles 151 et 160. Ainsi le président du Comité d'administration a seul les fonctions d'ordonnateur, il présente au Comité ses comptes pour l'exercice clos avant la délibération du budget, puis ils sont approuvés définitivement par le préfet.

Les fonctions de receveur du syndicat sont exercées, dispose l'article 172 « par le receveur municipal de la commune siège du syndicat », mais cet article ajoute « à moins de dispositions contraires confirmées par le décret d'institution » ; celui-ci pourrait donc décider que le syndicat aura un receveur spécial et dans ce cas il serait nommé, suivant l'article 156 de la loi municipale, par le préfet, sur une liste de trois membres présentée par le comité. Le receveur syndical est seul chargé du payement des dépenses et du recouvrement des recettes ; toute personne autre que lui « qui se serait ingérée dans le maniement des deniers du syndicat sera, par ce seul fait, constituée comptable, et pourra, en outre, être poursuivie en vertu du Code pénal, comme s'étant immiscée sans titre dans les fonctions publiques », article 155. Les recettes syndicales pour lesquelles les lois n'ont pas prescrit un mode spécial de recouvrement s'effectuent sur les états dressés par le président du Comité ; ces états sont exécutoires après qu'ils ont été visés par le préfet ou le sous-préfet. Les oppositions, lorsque la matière est de la compétence des tribunaux ordinaires, sont jugées comme matières sommaires et le syndicat peut y défendre sans autorisation du Conseil de préfecture, art. 154. Les comptes du receveur syndical, une fois arrêtés par le Comité d'administration, sont apurés soit par le Conseil de préfecture sauf recours à la Cour des comptes, soit directement et définitivement par la Cour des comptes, suivant que le revenu du syndicat n'excède pas ou excède 30.000 francs. Article 157. Enfin, le receveur syndical a la même responsabilité que les receveurs des communes, il est assujetti à la surveillance du receveur des finances, sa gestion est même placée sous la responsabilité de celui-ci s'il est en même temps percepteur. Article 158.

§ 5. — Dissolution du syndicat.

Dissolution du syndicat. — Deux cas de dissolution de plein droit. — Deux cas de dissolution forcée. — Liquidation. — Disposition complémentaire.

Un syndicat est une véritable société entre communes ; comme toute société, il doit naturellement pouvoir se dissoudre ; mais, d'autre part, chaque associé est tenu vis-à-vis des autres et ne peut pas se retirer librement. « Le syndicat, dit l'article 179 est formé, soit à perpétuité, soit pour une durée déterminée par le décret d'institution. » L'expression « à perpétuité » n'est pas heureuse, car la dissolution est toujours possible, elle est ou non prévue au moment de la création du syndicat, et c'est tout. La loi elle-même, d'ailleurs, se place imédiatement à un autre point de vue et elle distingue la dissolution du plein droit et la dissolution forcée et prévoit deux cas pour chacune d'elles.

Le syndicat est dissous de plein droit d'abord « par l'expiration du temps pour lequel il a été formé ou par la consommation de l'opération qu'il avait pour objet. » C'est absolument l'application du droit commun en matière de société civile (Code civil, art. 1865). Le syndicat est encore dissous de plein droit, c'est-à-dire sans que l'intervention d'un décret soit nécessaire, au cas d'accord unanime de tous les Conseils municipaux intéressés, l'unanimité nécessaire ici constitue une dérogation au droit commun, d'après lequel (Code civ., art. 1865, n° 5) la volonté d'un associé de n'être plus en société entraine la dissolution ; la loi a sans doute considéré qu'il y avait là en jeu des intérêts publics et qu'il ne fallait pas les sacrifier au mauvais vouloir ou au simple caprice d'un Conseil municipal. Quant à la dissolution forcée, la loi prévoit aussi deux hypothèses : celle où la majorité des Conseils municipaux en fait la demande motivée ; celle d'une dissolution prononcée d'office. La majorité des Conseils municipaux, insuffisante pour prononcer la dissolution *ipso jure* du syndicat, peut au moins la provoquer ; mais leur demande doit être motivée, car c'est d'après les motifs donnés par eux que le gouvernement décidera s'il y a lieu ou non de leur donner satisfaction ; « il est possible, en effet, dit la circulaire ministérielle, que la demande soit provoquée par des dissentiments passagers, et l'intérêt public commanderait alors de maintenir l'association nonobstant les difficultés accidentelles qu'elle rencontre » ; s'il paraît utile de prononcer la dissolution, il suffira d'un décret simple. Le syndicat peut enfin être dissous d'office par un acte d'autorité, c'est là une mesure très grave, son caractère s'oppose même à l'esprit de liberté qui dominait le législateur de 1890, aussi a-t-on donné aux syndicats une garantie sérieuse ; l'acte qui prononcera sur la dissolution ne sera plus un décret simple, comme tout à l'heure, ce ne sera même pas un décret ordinaire en Conseil d'État ; il faudra, dit la loi, un décret rendu « sur l'avis conforme du Conseil d'État. » Les syndicats sont ainsi protégés contre l'arbitraire, ils sont à peu près certains que les raisons alléguées par eux pour leur défense seront examinées avec soin, il y a là pour eux « une sorte de recours juridictionnel préalable. »

Au cas de dissolution de plein droit, aucune difficulté sérieuse ne peut s'élever sur les conditions de la liquidation ; celles-ci sont réglées par le décret d'institution, ou à l'amiable si la dissolution est le résultat d'un accord unanime des communes ; mais, au cas de dissolution forcée, les choses pourraient ne pas se régler aussi facilement, aussi la loi dispose-t-elle que « le décret de dissolution détermine, sous la réserve des droits des tiers, les conditions dans lesquelles s'opère la dissolution du syndicat. »

Enfin, l'article 180 et dernier de la loi de 1890 déclare les dispositions du titre VIII applicables, dans les conditions et sous les réserves contenues dans les articles 164, 165 et 166 de la loi du 5 avril 1884 : 1° aux communes de plein exercice de l'Algérie, 2° aux colonies de la Réunion, de la Martinique et de la Guadeloupe. Les syndicats de communes, en effet, s'ils entraient dans la pratique, pourraient acquérir là un rôle de premier ordre dans les travaux d'aménagement et le perfectionnement des voies de communication.

CHAPITRE III. — *Les syndicats de communes dans la pratique.*

Nombre infime des applications de la loi. — Les principales.

J'ai terminé l'analyse assez détaillée de la loi du 22 mars 1890 il est certain qu'elle constitue théoriquement une solution très satisfaisante d'un problème pourtant difficile : elle tend à corriger les inconvénients du morcellement administratif tout en laissant aux communes leur individualité et leur liberté complètes. Mais une question nouvelle se pose maintenant, et, il faut bien le dire, de la réponse qui y sera faite dépend le jugement définitif à porter sur l'œuvre législative : la loi de 90 a eu d'exellentes intentions, mais ces intentions ont-elles abouti ? Elle contient virtuellement des résultats considéaables, mais ces résultats se sont-ils réalisés ? En d'autres termes, voici près de dix ans que cette loi a été votée, c'est encore peu sans doute et les conclusions à tirer ne peuvent avoir qu'un caractère provisoire ; il faut se demander néanmoins à quelles applications a donné lieu l'institution nouvelle, quelle influence elle a exercée sur l'organisation des services en vue desquels surtout elle a été créée. Or, il est bien certain que jusqu'à présent ces applications sont rares, cette influence à peu près nulle : le syndicat de communes n'a pas su prendre place dans nos mœurs administratives. Peut-on trouver des causes à cet insuccès, peut-on les supprimer, les affaiblir au moins et compter sur un avenir plus brillant? C'est ce que j'aurai à examiner plus tard. Pour le moment, je veux encore m'en tenir aux seuls faits; si les exemples de syndicats de communes sont rares en effet, ils sont par cela même fort curieux et l'on peut facilement en faire une revue presque complète sans craindre la prolixité, sans craindre même de trop nombreuses répétitions, car chacun d'eux ou à peu près a soulevé des questions nouvelles, soit au point de vue de la création des syndicats, soit au point de vue de leurs ressources; j'ai déjà eu l'occasion d'en citer quelques-unes des plus intéressantes au cours de ce travail. (Les renseignements qui suivent sont pour la plupart tirés de la Revue générale d'administration.)

Le premier syndicat de communes créé en exécution de la loi de 1890 a été autorisé par un décret du 26 mars 1892 entre les communes de Pantin, Bagnolet, les Lilas, les Prés Saint-Gervais (Seine) « en vue de la création d'un hospice intercommunal destiné à recevoir les vieillards indigents ». Le décret vise les délibérations des Conseils municipaux intéressés et du Conseil général de la Seine, ainsi qu'un arrêté préfectoral du 9 juin 1890 autorisant le maire de Pantin à accepter une donation; en effet, les frais de construction, d'acquisition du mobilier, en un mot les dépenses de premier établissement devaient être couvertes : d'abord, par le produit de la donation, puis par une subvention de 300.000 francs allouée par le département; quant aux dépenses du fonctionnement de l'hospice, on les estimait annuellement à 45.000 francs que les Conseils municipaux des quatre communes se sont engagés à fournir au prorata de leur population. Le projet de décret du Gouvernement ne contenait qu'une simple autorisation du syndicat, le Conseil d'État dans un avis du 3 mars 1892 « a cru devoir y ajouter deux articles, l'un autorisant la création de l'hospice, l'autre indiquant que la commission administrative sera composée conformément à la loi du 5 août 1879 ». J'ai eu déjà à remarquer à propos de l'article 176, que dans cet avis, le Conseil d'État se trouvait en opposition d'idées avec la circulaire ministérielle du 10 août 1890, mais le Gouvernement se rangea à sa manière de voir, et l'article 2 du décret est ainsi conçu : « Est autorisée la création d'un hospice intercommunal à Pantin. L'administration de cet établissement sera soumise aux règles qui régissent les hospices communaux ».

Deux ans plus tard. une application presque identique de la loi de 1890 fût faite par un décret du 25 avril 1894, qui autorise plusieurs communes du département des Vosges à se syndiquer « en vue de la création d'un hospice intercommunal destiné à recevoir les vieillards et les infirmes ». Cette application ne présente d'originalité que sur un point, sur le mode de contribution des communes intéressées au fonctionnement de l'hospice : les Conseils municipaux se sont engagés à payer 0 fr. 55 par jour et par personne admise dans l'établissement ; malgré les difficultés d'évaluation de cette dépense annuelle des communes, le Conseil d'État a néanmoins considéré qu' « elle

était susceptible d'être prélevée sur les ressources ordinaires des budgets qui s'équilibrent sans imposition pour
insuffisance de revenus. »

Dans un ordre d'idées tout différent, un décret du
23 août 1892 a constitué en syndicat quatre communes
des Bouches-du-Rhône « à l'effet de construire et d'administrer un canal de dérivation des eaux de la Durance
destiné à l'irrigation de leur territoire. » J'ai noté, d'autre
part, certaines particularités intéressantes de l'instruction
de cette affaire ; c'est à propos d'elle que la jurisprudence
a posé la règle d'après laquelle les délibérations des Conseils municipaux demandant l'autorisation pour les communes de se grouper en syndicat doivent être concordantes jusque dans leur rédaction même.

Non moins intéressant est un décret du 12 janvier 1894 qui
a autorisé les communes de Lamotte et Mondragon (Vau
cluse) à se constituer en syndicat « à l'effet d'exécuter les travaux de défense contre les eaux du Rhône, et notamment de
réparer et d'entretenir les digues de Balincourt et de Lauzon
et les ouvrages d'aval qui en forment le complément. »

L'espèce est curieuse en raison des circonstances particulières qui ont amené le Conseil d'État à donner un avis
favorable à cette création bien qu'il y fût opposé en théorie.
Il s'agissait de savoir avant tout si l'œuvre à entreprendre
était de celles qui peuvent motiver la création d'un syndicat : le ministre de l'Intérieur répondait affirmativement
à cette question : « Sans doute, disait-il dans son rapport
au Conseil d'État, les travaux de défense contre les

fleuves, rivières ou torrents figurent parmi ceux qui sont du domaine des associations syndicales régies par les lois des 21 juin 1865 et 22 décembre 1888, mais l'initiative privée, s'il y avait été fait appel, n'aurait pas vraisemblablement réalisé dans d'aussi bonnes conditions l'œuvre importante qu'il s'agit d'entreprendre ; enfin, malgré leur nature, les travaux en question présentent un caractère de véritable utilité intercommunale, les intérêts des propriétaires riverains n'étant pas les seuls en jeu, mais aussi la sécurité des habitants. » Le Conseil d'État a adopté le projet de décret, mais il a bien exprimé dans ses observations qu'il aurait été amené à le repousser si l'on ne s'était trouvé en présence d'engagements pris par l'État vis-à-vis des communes et de travaux presque totalement achevés. « On ne saurait, en principe, dit-il, autoriser la constitution de syndicats des communes pour exécuter des endiguements et faire ainsi supporter par l'ensemble des habitants les charges imposées par la loi à des catégories déterminées de contribuables. »

Il se peut d'ailleurs, que des travaux rentrant dans la catégorie de ceux qui peuvent donner lieu à la création d'une association syndicale présentent véritablement un intérêt public de premier ordre motivant l'institution d'un syndicat de communes. C'est ainsi qu'un décret du 28 janvier 1896 a autorisé les communes de Champlive et de Dammartin (Doubs) à se syndiquer à l'effet d'exécuter et d'entretenir les travaux nécessaires pour l'évacuation des eaux d'inondation dans le ravin de Rougnon. La surface inondée était de 225 hectares, mais ce n'étaient pas seulement les propriétés privées qui étaient submergées, les voies vicinales étaient aussi couvertes d'une nappe d'eau montant quelquefois jusqu'à deux mètres, de sorte que les communications restaient impossibles pendant toute une partie de l'année; le Ministre de l'Intérieur a considéré, par suite, et avec lui le Conseil d'État, qu' « il ne s'agissait pas dans l'espèce de protéger les propriétés privées ou les intérêts d'une fraction des collectivités communales, mais d'assurer l'un des plus importants services publics, celui de la voirie, d'où dépendent les relations commerciales et, jusqu'à un certain point, la vie communale elle-même. »

J'ai dit un mot d'autre part sur une application toute particulière de la loi de 1890, il ne sera pas sans intérêt d'y insister un peu ; il s'agit d'un décret du 27 juin 1895, constituant en syndicat les communes de Thouars et de Saint-Jacques-de-Thouars « à l'effet de construire un pont à péage sur le Thouet pour le passage d'une voie vicinale ».

La condition financière de ce syndicat est assez curieuse : on prévoyait pour la construction du pont une dépense de 80.000 francs, les communes devaient à cet effet contracter un emprunt au Crédit Foncier, emprunt remboursable en cinquante annuités au moyen du produit du péage; mais, le Crédit Foncier ne trouvant pas ce gage suffisant, les communes ont dû voter des impositions extraordinaires destinées à garantir le service des emprunts.

Il est à remarquer que le délai d'amortissement est

beaucoup plus long que celui qu'on assigne généralement
à de pareilles opérations ; le Conseil d'État a pensé que
les circonstances motivaient une dérogation à la règle,
« que la création des ressources de l'entreprise devant en
principe et même en fait trouver un gage dans le produit
de la concession du péage, il était difficile de ne point
assigner un terme unique à la concession et au rembour-
sement des sommes empruntées ».

Pour terminer cette revue rapide de la pratique, je citerai enfin un exemple qui semblerait devoir être très
répandu et qui, cependant, est loin de l'être, que je sache :
c'est même en Algérie qu'il le faut aller chercher ; quatre
décrets du 18 janvier 1898 ont constitué dans ce pays
quatre syndicats de communes pour le service de l'Assistance médicale gratuite : de nombreuses et minutieuses
dispositions concernent les médecins et pharmaciens, les
listes de secours, etc. ; les fonctions des membres du
Comité sont gratuites, le Comité peut seulement nommer
un secrétaire rétribué. La contribution des communes
associées dans les recettes du syndicat est fixée à une
somme égale au dixième de la part revenant auxdites communes sur le produit de l'octroi de mer. Enfin, ces syndi-
dicats sont déclarés formés à perpétuité, on sait ce qu'il
faut entendre par là.

Au total, il y avait fin 1896, d'après une note de M. Mas-
tier, citée par M. Ducrocq (*Cours de Droit administratif*,
7ᵉ édit., t. I), dix syndicats de communes, il y en a aujour-
d'hui une quinzaine en comptant l'Algérie.

Chapitre IV. — *Critique de la loi de 1890.*

Sa perfection théorique. — Son insuccès indubitable. — Recherche
des causes de cet insuccès : rejet des conclusions de M. Ducrocq; quelques imperfections de détail. — Les causes véritables :
ignorance des petites communes. l'œuvre éducatrice; esprit de par
ticularisme : proposition Dupuy (syndicats de départements). —
Ajournement nécessaire de la liberté.

Le moment est venu, après cet exposé impartial des
faits, de la législation et de la jurisprudence, le moment
est venu de porter une appréciation sur l'institution des
syndicats de communes. Il est incontestable que la loi du
22mars 1890 est une loi fort bien faite : fruit tardif d'un
travail séculaire, elle a profité de bien des expériences et
de bien des échecs ; elle a su donner à un problème pourtant fort compliqué une solution des plus libérales, demandant à la seule association volontaire un remède contre
l'impuissance des petites communes ; son œuvre est digne
et belle ; j'ajoute, car c'est un mérite assez rare, que ses
dispositions très claires ne laissent place à aucune controverse bien importante, et que les doutes surgissant sur
les points de détail sont vite dissipés par un appel à l'esprit
évident du législateur. Nous avons là, en somme, au point
de vue théorique, un beau monument, bien digne de
prendre place, pour le compléter, auprès du grand œuvre
de 1884 ; aussi, comprend-on sans peine, après une longue
étude historique, les espérances de ses auteurs ; on les
partagerait même avec enthousiasme si l'on pouvait se
reporter à quelques années en arrière ; mais l'expérience

est faite maintenant et bien faite, comment ne pas s'y rendre ?

Cette loi qui paraissait grosse de conséquences est restée lettre-morte : la montagne est accouchée d'une souris, l'échec est complet : quinze syndicats de communes en dix ans, ce sont des curiosités voilà tout ; on ne peut soutenir que le plus petit pas soit fait en pratique contre les vices du morcellement municipal. Le gouvernement lui-même a fait un aveu implicite de son insuccès et semble désespérer de réussir. On sait que le plus grand obstacle à vaincre par les partisans de la décentralisation est justement la faiblesse des petites communes ; or, dès le 16 février 1894, un décret rendu sous le ministère Ribot instituait une commission extra-parlementaire de décentralisation, et le rapport sur lequel a été rendu ce décret, sans faire mention de la loi de 1890, tendait à remettre en honneur l'idée cantonale ; il s'exprime ainsi sur l'un des buts des travaux à entreprendre : « Le programme des études de la Commission comprendrait la création, si souvent proposée, d'organes administratifs nouveaux, intermédiaires entre ceux des départements et de l'arrondissement et l'organe primitif de la vie locale, la commune. La Commission aurait à se demander si la circonscription cantonale devrait servir de cadre à une réforme de ce genre ». J'ajoute, d'ailleurs, que la Commission reconstituée et renforcée par le ministère Méline, ne s'occupa pas de la question (du moins, n'ai-je trouvé sur ce point aucun indice dans la *Revue générale d'Administration*);

le rapport de **M.** Poubelle, puis celui de **M.** Alapetite, sur l'administration départementale et communale, demandent une décentralisation purement financière, « sans toucher à la géographie administrative de la France et au cadre de ses institutions ». Le projet de modification de la loi municipale, présenté en 1897 par **M.** Barthou, est muet aussi sur la question qui m'intéresse. Quoi qu'il en soit, l'insuccès n'est pas douteux. L'important est donc d'en rechercher les causes.

A ce point de vue, je dois examiner d'abord l'opinion présentée par M. Ducrocq, dans son *Cours de droit administratif* (7° éd., t. I, p. 422 et suiv.) : D'après l'éminent professeur, l'échec de 1890 s'explique bien facilement, l'institution nouvelle n'a pas réussi parce qu'elle était bien moins utile en réalité qu'on le voulait bien croire, parce que sans recourir à elle on pouvait et l'on peut pourvoir aux besoins intercommunaux les plus graves qu'on lui donnait pour but de satisfaire. Quels étaient, en effet, dans l'esprit de ses créateurs les objets principaux des syndicats de communes? La voirie, l'enseignement, l'assistance. Or, jetons un coup d'œil sur notre législation, que voyons-nous? La loi du 21 mars 1836 sur les chemins vicinaux dispose, dans son article 6 : « Lorsqu'un chemin vicinal intéressera plusieurs communes, le Préfet, sur l'avis des Conseils municipaux, désignera les communes qui devront concourir à sa construction ou à son entretien et fixera la proportion dans laquelle chacune d'elles y contribuera ».

La loi du 30 octobre 1886, sur l'organisation de l'enseignement primaire, prévoit dans son article 11 l'union de deux ou plusieurs communes voisines « pour l'établissement et l'entretien d'une école ».

Enfin, la loi du 7 août 1851, sur les hospices et hôpitaux (art. 3 à 5), établit une Association *sui generis* d'assistance publique entre les communes ; la loi même sur l'assistance médicale gratuite, postérieure cependant de trois ans à la loi du 22 mars 1890, décide (art. 3) que « toute commune est rattachée pour le traitement de ses malades à un ou plusieurs hôpitaux les plus voisins. »

Certes, ce sont là des dispositions fort importantes, mais l'institution des syndicats de communes n'est-elle pour cela qu'une superfétation ? Cela, je ne le crois pas le moins du monde ; dans aucun des cas cités tout à l'heure, on ne peut vraiment parler d'association : la loi sur les chemins vicinaux ne crée, en somme, qu'une réglementation par l'autorité supérieure, en quoi peut-on comparer une telle mesure à une entreprise décidée librement et dirigée en commun ? Les lois sur l'assistance parent, si je puis dire, au plus pressé : chaque commune est rattachée à tel ou tel établissement hospitalier, bien ; mais, elle n'a rien à voir dans l'administration de cet établissement, elle est une cliente qui paye pour ses malades et voilà tout ; les communes, au contraire, qui se groupent en syndicat pour la création d'un hospice ou d'un hôpital, ont toutes des représentants qui en surveillent la gestion, n'y a-t-il donc là aucune différence ? Les textes sur l'enseignement primaire semblent au contraire suffisants en dehors de la loi de 1890 ; est-ce à dire cependant que celle-ci n'ait plus aucun rôle en la matière ? Loin de là, et M. Ducrocq lui-même reconnaît que, grâce à elle, plusieurs communes peuvent s'entendre pour la création et l'entretien d'écoles primaires supérieures, d'enseignement professionnel, industriel ou agricole ; de musées, de bibliothèques, etc. Non, si la loi de 1890 a échoué, la raison n'en est point dans une erreur sur son utilité ; ses auteurs ne s'exagéraient point sa portée ; ils ont été déçus, mais c'est ailleurs qu'il faut chercher les causes d'insuccès.

Une idée se présente alors immédiatement à l'esprit : ne sont-ce pas certains défauts de la loi elle-même, ou certaines lacunes, qui expliquent l'insignifiance de ses résultats ? On voudrait, en somme, qu'il en fût ainsi, car, sans doute, il ne serait pas impossible de supprimer les défauts ou de combler les lacunes. J'ai dit que la loi de 1890 était fort bien rédigée et très libérale : il serait bien étonnant, toutefois, qu'elle fût parfaite, et je crois que, pour lui permettre de jouer le rôle vraiment large qui devrait être le sien, il y aurait à y apporter quelques retouches, à y ajouter plutôt certaines dispositions en l'absence desquelles la jurisprudence s'en est tenue à une interprétation étroite.

Deux conditions sont exigées pour qu'une œuvre puisse donner lieu à la création d'un syndicat ; l'une d'elles, à savoir que cette œuvre présente un certain caractèce de durée, se comprend à merveille, mais l'autre ne laisse pas de donner prise à la critique, il faut que le projet en vue duquel le groupement est demandé rentre par sa nature dans la spécialité de la commune ; j'ai approuvé en droit une telle jurisprudence ; elle s'imposait absolument dans le silence de la loi ; mais, en législation, une solution différente n'est-elle pas possible et désirable ? Je ne citerai qu'un cas emprunté à la pratique : le Ministre, en 1894, a refusé à plusieurs communes l'autorisation de se syndiquer pour l'exploitation d'un tramway, alléguant que c'était là une entreprise purement industrielle ne rentrant pas « dans le cercle normal des attributions des municipalités ». Certes, on comprend quels dangers il y aurait à laisser une commune sans force s'engager dans une aventure toujours périlleuse ; mais voici plusieurs communes, faibles isolément, qui s'unissent précisément en vue d'acquérir une puissance nouvelle : je me demande véritablement quel inconvénient il y aurait, après s'être assuré que leurs ressources présentent une garantie suffisante, à leur permettre de diriger l'exploitation d'une ligne ferrée ; elles ne chercheraient sans doute pas, comme un concessionnaire, à faire le plus de bénéfices possibles, réduiraient les tarifs au minimum, et ainsi se trouverait constitué aux meilleures conditions un service d'utilité publique. Je suis obligé de m'en tenir à cet exemple. La question de savoir s'il ne serait pas utile, soit par adjonction à la loi de 1890, soit par des dispositions de loi spéciales, d'accorder aux syndicats certains droits plus étendus que ceux d'une petite commune, se rattache à une question bien plus large en effet ; je ne pourrais que l'effleurer et elle mérite mieux qu'un examen superficiel : beaucoup de pays étrangers peuvent plus facilement que nous satisfaire à l'idée décentralisatrice et cela grâce à la distinction des communes en deux catégories urbaines et rurales ; ils peuvent émanciper les premières et laisser en tutelle les secondes trop faibles pour la liberté ; nous répugnons à ces différences de traitement, mais il serait possible que les syndicats de communes apportassent une conciliation suffisante entre un pareil système et ce principe d'égalité qui, depuis un siècle, domine l'esprit français.

Ce n'est pas seulement quant aux œuvres pouvant amener l'institution d'un syndicat que la jurisprudence s'est montrée restrictive, c'est encore en ce qui concerne l'administration d'une œuvre qui a, en fait, donné lieu à un syndicat : voici plusieurs communes qui s'associent pour l'établissement d'un hospice, le Comité de l'union ne peut exercer lui-même l'administration : est-ce donc raisonnable ? On dit qu'il est impossible d'attribuer au syndicat d'autres droits que ceux qui appartiendraient à chaque commune agissant isolément ; je ne dis pas qu'en droit strict ce ne soit pas exact, mais enfin, en réalité, la situation est-elle la même d'une commune qui possède entre autres services un hospice, et d'un syndicat qui a été institué uniquement en vue de cet hospice ? Le Ministre de l'Intérieur avait pensé dans sa circulaire que cet argument de bon sens suffirait à faire fléchir la rigueur des textes : le Conseil d'État en a jugé autrement, mais il

serait si aisé de supprimer ses scrupules ! Voilà des critiques, mais, en fin de compte, que signifient-elles ? La
seconde ne touche qu'un point de détail, la première est
plutôt un regret et une tendance vers une application plus
vaste du principe syndical ; ni l'une ni l'autre n'expliquent
que la loi, telle qu'elle est, n'ait pas accompli déjà l'œuvre
si belle qu'on en espérait.

Non, ce n'est pas le législateur qui est responsable, ce
sont ceux-là mêmes dont il cherchait à satisfaire les intérêts ; les causes d'un échec aussi regrettable ne sont malheureusement pas de celles qu'on peut du jour au lendemain éliminer par un nouveau texte, elles sont profondes
et ce n'est que grâce à de longs efforts qu'on les pourra
déraciner. Leur effet, d'ailleurs. est loin de se limiter à la
matière qui m'occupe ; contre elles viennent buter tous les
projets d'autonomie locale ; ce sont l'ignorance de la loi
dans les petites communes, quelquefois même dans les
grandes, et surtout l'esprit de particularisme qui, pour
être moins fort qu'autrefois peut-être, n'en a pas moins,
encore aujourd'hui une puissance énorme.

Et d'abord, la loi du 22 mars 1890 n'a reçu que fort
peu d'applications par l'excellente raison que son existence
même est inconnue certainement de la grande majorité des Conseils municipaux ; la loi de 1884 elle-même
qui contient de si profondes réformes dans l'organisation
municipale n'a produit d'effets véritablement appréciables
que dans les villes ; la loi de 1890 qui est faite pour les
communes les plus petites et les plus pauvres ne pourrait

avoir de résultats que si ces communes en avaient au moins un aperçu, si sommaire fût-il. Ignorantes de la loi, les municipalités rurales se sont placées sous le joug des bureaux de la préfecture; habituées à se laisser guider, elles se désintéressent de leurs propres affaires et deviennent incapables de cette initiative à laquelle le législateur fait appel; une affaire de quelque importance se présente-t-elle, le maire écrit ou se rend lui-même au chef-lieu pour demander conseil; cet état de fait est déplorable; c'est une paralysie de la vie locale. On sent bien que secouer pareille torpeur n'est pas l'affaire d'un jour, mais faut-il désespérer? Non, car ce serait désespérer de toute marche en avant; tout mouvement libéral dans la législation suppose, pour être fécond, un progrès de l'esprit public; or, c'est par la force de l'éducation que celui-ci progresse.

Dans son admirable livre l'*Irréligion de l'Avenir*, le philosophe Guyau dit, à propos de la dépopulation, quel pourrait être le rôle des conférences populaires; leur rôle ne serait pas moins grand pour la vulgarisation d'autres connaissances : « *Le Bulletin des Communes*, rédigé avec plus de soin qu'il ne l'est, rempli d'exemples utiles, pourrait être lu chaque dimanche sur la place de la mairie. Si le maître d'école était chargé de ce soin, il y aurait là le germe d'une conférence hebdomadaire instructive, qui aurait grande chance de réussir et d'attirer un public, dans le vide et la monotonie de la vie à la campagne. » Il n'est pas facile, dira-t-on, de changer des habitudes invétérées, et de tourner vers l'action les esprits qui, longtemps, se sont plu à chercher en dehors d'eux une réponse aux questions embarrassantes ; cela ne fait aucun doute et ce n'est qu'à la longue que se développera l'initiative ; mais enfin, si la tâche doit être ardue, elle mérite tous les efforts ; une jeunesse formée dans les idées nouvelles donnerait encore assez vite à la vie locale l'intelligence et l'activité qu'elle a laissées s'engourdir. En attendant, d'ailleurs, il y aurait encore œuvre utile à faire : les petites communes, après un temps de centralisation à outrance, sont restées volontairement sous l'ancienne tutelle, elles ont eu peur de la liberté qu'on leur donnait ; pourquoi donc le Gouvernement lui-même n'userait-il pas de son influence pour leur montrer les avantages de l'autonomie tout en leur évitant les dangers des premiers pas ?

Il est très beau de faire voter des lois libérales, ce n'est pas suffisant, il reste à les faire exécuter : les Préfets ont une admirable tâche d'émancipation à accomplir : qu'ils prennent eux-mêmes l'initiative de syndicats en provoquant une entente entre les communes, l'impulsion donnée par eux se répandrait sans doute, bienfaisante. Malheureusement, pour que ces efforts ne restent pas vains, il y a un autre obstacle dont il faut triompher et contre lequel ils ont pu jusqu'ici se heurter : c'est un esprit de particularisme bien dur à déraciner dans les campagnes : autour du clocher, pour les petites communes, doit graviter toute la vie ; de même que le paysan ne se trouve bien

que dans sa maison et ne s'occupe souvent du voisin que
pour lui intenter quelque procès ou lui envier quelque lo-
pin de terre, de même la commune veut avoir ses services bien à elle, et à elle seule ; elle ne conçoit même pas
peut-être la possibilité d'une association, ou c'est pour la
repousser bien vite ; les petites rivalités, les jalousies mes-
quines priment les intérêts les plus pressants ; et quelle
crainte de devoir se soumettre à la décision d'autres plus
puissants ou plus habiles, humiliation profonde ! Ces sentiments sont vulgaires, certes, mais ils dominent et il faut
compter avec eux, puisqu'ils entravent l'application fruc-
tueuse d'une loi inspirée, au contraire, par une large pensée de solidarité.

Ici encore, c'est à l'éducation qu'il faut faire appel et à
l'exemple des plus éclairés ; loin de se laisser décourager
par l'insuccès d'une première entreprise, le Gouvernement
doit persister dans cette voie, l'élargir, donner à cette
idée d'association toute la force nécessaire pour lui permettre de pénétrer dans les plus petits hameaux et d'y
arracher les vieux préjugés. Pourquoi, par exemple, ne
créerait-on pas des syndicats de départements, comme on
a créé des syndicats de communes ? L'utilité n'en serait
pas moins grande pour la création d'asiles d'aliénés,
d'écoles normales, sans parler des voies de communication.

Une proposition avait été faite en ce sens par M. Charles
Dupuy lors de la discussion de la loi de 1890 : M. Dupuy
expliquait très bien qu' « en rendant certaines œuvres communes à plusieurs départements, on arriverait à ce résul-

tat que ces œuvres, dont la multiplicité même empêche la
naissance, étant en nombre restreint, seraient plus fortes;
et l'on diminuerait en même temps les frais qu'elles né-
cessitent ». Et il ajoutait qu'une telle institution atteindrait
un but plus lointain, plus élevé. « Nous arriverons, disait-
il, à voir se grouper des unités qui, aujourd'hui, vivant
isolées, se maintiennent dans un état d'abstraction et d'insuffisance trop notoires ; nous verrons alors éclater ces
moules qu'il a pu être nécessaires, à un moment donné,
d'établir pour réagir contre un certain esprit ancien et
hostile : nous reprendrons quelque chose de la vitalité,
de la réalité, du caractère concret des institutions et des
groupes régionaux que les départements ont remplacés,
caractère concret que les découpures administratives que
nous subissons depuis un siècle nous ont fait perdre ».
Malheureusement, cette proposition a été retirée et n'a pas
été reprise : elle était excellente cependant, empreinte
d'un large esprit de décentralisation ; les syndicats de départements n'auraient pas eu à redouter l'ignorance et beaucoup moins l'esprit de particularisme. Ils auraient pu donner aux petites communes par leurs résultats un exemple
précieux des bienfaits de l'association ; on ne peut donc
que désirer qu'un projet de loi sur ce point soit bientôt
présenté par un gouvernement libéral et éclairé.

Et maintenant, n'y aurait-il pas, en attendant un
meilleur état de choses, une mesure transitoire, mais plus
énergique encore, à prendre pour préparer l'avenir? J'avoue
que je me sens mal à l'aise pour formuler ma pensée ; il

n'a été question jusqu'ici que d'appels plus ou moins pressants à adresser à l'initiative communale : à maintes reprises, j'ai admiré le libéralisme de la loi de 1890 ; mais je me plaçais alors avant l'expérience : il est trop certain aujourd'hui qu'une loi si large était prématurée. Dans la discussion de la loi du 5 avril 1884, la Chambre avait voté l'institution de commissions syndicales, soit d'office, soit sur réclamation des intéressés ; je sais bien qu'il est dangereux d'introduire quelque part la contrainte, mais entre deux maux il faut savoir choisir le moindre, et ce qui doit, en somme, dominer ici, c'est le point de vue de l'intérêt public.

L'intérêt public réclame impérieusement que certaines œuvres soient accomplies, on sait qu'on ne peut plus compter sur une action spontanée, mieux vaut la provoquer que de tout sacrifier à un principe ; peut-on dire même qu'il y a liberté véritable là où règne l'ignorance ? Non, le premier devoir, certes, est de créer un milieu de lumière et de conscience, mais l'œuvre est de longue haleine : les besoins sont actuels, il faut penser à leur satisfaction immédiate. D'ailleurs, peut on craindre des abus d'un Gouvernement qui n'aurait recours à l'autorité qu'en dernière analyse, après un essai loyal et uniquement à titre provisoire, en travaillant de tout son pouvoir à l'émancipation la plus complète ? Évidemment non, et puis des garanties pourraient être prises de nature à rassurer les esprits les plus inquiets.

Il est bien entendu, d'abord, que la loi déterminerait

limitativement les cas dans lesquels un syndicat pourrait être créé d'office, ce pourraient être par exemple, ceux-là mêmes que prévoyait le projet de 1884 : création ou entretien de certaines écoles, d'établissements de bienfaisance, de chemins vicinaux ordinaires. Ce n'est pas tout, il est une assemblée composée d'hommes généralement éclairés, connaissant au mieux les besoins de toutes les communes, c'est le Conseil général ; on pourrait, dès lors, lui donner un pouvoir d'initiative, ou décider tout au moins qu'aucun décret ne pourrait intervenir sans son avis conforme ; il serait ainsi le défenseur des franchises locales et un précieux auxiliaire pour le Gouvernement. Il y aurait certes encore là de quoi soulever des protestations indignées, mais il ne faudrait pas s'y arrêter longtemps : si les principes sont beaux, ils ne suffisent pas : il faut aussi penser à l'action qui, seule, est féconde ; le mérite n'est pas négligeable de savoir pour un temps renoncer à la théorie qu'on admire pour préparer dans l'avenir sa complète adaptation à la pratique, c'est le rôle du Gouvernement.

QUATRIÈME PARTIE

LÉGISLATION COMPARÉE

Tous les pays ont à la base de leur organisation administrative une unité ressemblant de plus ou moins près à notre commune française; la question qui fait l'objet de ce travail devait donc se poser à l'étranger comme chez nous; l'étude des diverses solutions qu'elle a reçues, intéressantes déjà en elles-mêmes, devient indispensable quand on songe au complet échec de la loi du 22 mars 1890; avant de risquer à nos dépens une expérience nouvélle, sachons nous rendre compte et profiter de celles qui ont été faites ailleurs. Je grouperai les divers pays qui vont m'occuper en trois catégories selon que leur système législatif adopte l'idée de grande commune, l'idée cantonale ou l'idée syndicale. Cette division, certes, n'est pas rigoureuse, et je serai quelquefois obligé d'en forcer les termes, elle pourra être utile néanmoins pour la clarté de l'exposition (1).

(1) Est-il besoin de dire tout ce que je dois pour cette partie de mon travail aux excellentes publications de la Société de Législation comparée ?

§ 1er. — Pays à grandes communes.

Pays à grandes communes. — Italie. — Espagne. — Portugal. — Pays balkaniques.

Ce sont presque tous les pays latins. « A travers toutes les révolutions de l'Italie, le municipe romain, avec sa puissante organisation, n'a pas cessé de constituer la base de l'organisation politique ; la vie agricole n'y a presque rien changé. » (R. Millet, *Bulletin* 1882). Les conditions historiques sont donc, en Italie, très favorables pour éviter le fractionnement administratif : le gouvernement tient la main à ce qu'un pareil état de choses ne se modifie pas : d'après les lois communale et provinciale de 1864, les communes qui ont moins de 1.500 habitants, lorqu'elles manquent des ressources nécessaires pour couvrir leurs dépenses, peuvent être réunies à d'autres par un décret rendu sur l'avis du Conseil provincial et des Conseils municipaux. Une commune ne peut demander à posséder une administration séparée, si elle ne compte au moins 4.000 habitants et si elle ne possède pas les ressources suffisantes pour faire face à ses dépenses. L'Italie ne compte ainsi qu'environ 8.000 communes. Des mesures sont prises, d'ailleurs, pour laisser à chaque village compris dans la commune la gestion de son patrimoine ; le maire, avec l'assentiment du préfet, y nomme un administrateur, pris parmi les conseillers municipaux de la commune domiciliés dans le village et, à leur défaut, parmi les électeurs du village.

En Espagne, on a rompu complètement pour l'administration avec les traditions historiques : l'unité est ce qu'on appelle le termino municipal ; or, pour constituer un termino, un territoire doit remplir les conditions suivantes : 1° Ne pas compter moins de 2.000 habitants résidents ; 2° Avoir une étendue proportionnée à sa population ; 3° Pouvoir supporter les charges municipales avec les ressources autorisées par la loi. Ce sont les Conseils provinciaux qui ont compétence pour créer, supprimer ou modifier les terminos, après avis des ayuntamientos (conseils municipaux) et des habitants intéressés. Le termino peut donc être et est souvent, en fait, composé de plusieurs pueblos ou centres de population qui sont les véritables communes ; si ces localités ont 60 chefs de famille et possèdent un territoire propre, des eaux, pâturages, bois, ou droits particuliers, elles conservent pour leur gestion une administration spéciale surveillée par l'ayuntamiento du termino.

Le Portugal possède une organisation très analogue à celle de l'Espagne ; là encore il faut distinguer la commune proprement dite ou paroisse, du district municipal ou concelho, celui-ci doit réunir un minimum de 500 feux, ou 2.000 habitants environ ; il comprend donc généralement plusieurs paroisses qui formeraient en France autant de municipalités distinctes ; c'est dans l'ordre administratif l'unité inférieure, au-dessus de laquelle se place le département ou district. Le concelho est dirigé par un Administrateur nommé par le Gouvernement et chargé, sous l'autorité du Gouverneur du District de l'exécution des lois et de la police générale ; et la présence de ce fonctionnaire politique l'a fait comparer à l'arrondissement français. En tout cas, son étendue « permet d'associer dans l'intérêt général des ressources inégalemnt réparties ou trop bornées pour pouvoir être employées efficacement. De là résulte une conséquence importante, l'extension du rôle du comité exécutif du concelho ; » les Chambres municipales ont les attributions des maires de France pour la police locale, les écoles, les finances, les biens de la commune, les hospices, etc. Quant à la paroisse qui est la véritable commune historique, elle a un regedor, représentant du pouvoir central, et une junte qui n'est guère autre chose qu'un Conseil de fabrique et un bureau de bienfaisance.

Cette idée simpliste et artificielle d'un minimum de population nécessaire pour donner lieu à une administration municipale, se retrouve dans certains États de la péninsule balkanique. En Bulgarie, la loi des 23 septembre, 5 octobre 1882, art. 94, dispose qu' « à moins d'éloignement considérable, chaque commune comprendra environ 1.000 habitants ». D'après la législation roumaine, les communes se divisent en urbaines et rurales ; la classification est faite par une loi. La commune rurale ne peut avoir moins de 200 contribuables ; les villages et hameaux

de moindre importance sont réunis par une loi pour
atteindre ce chiffre.

§ 2. — L'idée cantonale à l'Étranger.

L'idée cantonale à l'étranger. — § 1. Russie. La volost. — § 2. Prusse.
Le bailliage. — § 3. Angleterre. Organisation antérieure à 1894.
(Unions, districts scolaires, rouliers, etc.) La loi du 5 mars 1894 et
les districts.

§ *1er*. *Russie*. — Jusqu'en 1861 les communes situées
sur les terres appartenant à l'État et aux apanages, jouissaient seules d'un régime municipal ; à cette date, l'acte
d'émancipation en étendit les bienfaits à toutes les communes rurales. D'après cet acte même, l'Administration
communale appartient : 1° A la commune rurale qui est,
suivant l'expression légale, « l'Association des cultivateurs
habitant les terres d'un même seigneur » ; 2° Au canton
Volost, goupement de plusieurs communes ou villages en
une circonscription administrative ; il comprend les
hameaux qui sont éloignés de 12 verstes au plus du centre
de l'administration, avec une population qui doit être au
moins de 300 habitants du sexe masculin et de 2.000 au
plus ; par exception, chaque hameau important compo-
serait à lui seul un canton, et un canton unique, même
quand il contiendrait plus de 2.000 habitants. La commune
rurale, le mir, est surtout, presque exclusivement même,
une unité économique ; les intérêts communs à ses mem-

bres sont relatifs au rachat des terres à eux concédées par l'acte d'émancipation, à la propriété en commun de ces terres, au payement des impôts pour lequel tous sont solidaires. L'assemblée de la commune rurale et son ancien (starosta), sont bien investis de quelques attributions administratives, mais la volost concentre les principaux services locaux, au point qu'elle constitue une sorte de grande commune administrative englobant plusieurs communes économiques.

La Volost est administrée par des organes multiples, une assemblée (Volostnoï skod), un doyen (starchina), une régence (pravlénié) et un tribunal. L'Assemblée se compose de deux éléments : d'abord tous les anciens des communes du canton et les fonctionnaires élus par les Assemblées communales et cantonales : puis, des délégués élus par les habitants du canton, un par dix feux, les hameaux de moins de dix maisons envoyant toutefois un représentant. Cette Assemblée est présidée par le starchina ; elle s'occupe : 1º de l'établissement et de la répartition des impôts cantonaux ; 2º De la revision des listes dressées pour le recrutement et de la répartition de la prestation militaire ; 3º Des écoles qui peuvent être créées dans les cantons et des dépenses nécessaires à ces écoles ; 4º Des orphelins et de l'assistance des personnes âgées ou infirmes ; 5º De la salubrité, de l'hygiène publique et de la vaccination, des mesures à prendre en cas d'épidémie ou d'épizootie ; 6º De l'organisation et de l'entretien des greniers communaux ; 7º De l'entretien des chemins et canaux cantonaux ; 8° Des mesures à prendre en cas d'incendie ou d'inondation. L'Assemblée élit le starchina pour trois ans, sauf ratification de l'autorité supérieure.

Le doyen du canton ou Starchina exerce le pouvoir exécutif cantonal : il est chargé de maintenir l'ordre, de veiller à l'entretien des routes, à la bonne tenue des écoles, des hospices et autres établissements et, en général, d'exécuter les décisions de l'assemblée cantonale. Il est assisté d'un comité qui comprend tous les anciens (Starosti) des communes ; ce comité qui se réunit tous les dimanches statue ; 1° Sur la mise en vente des biens des habitants pour le recouvrement des impôts ; 2° Sur l'affectation des fonds cantonaux aux dépenses autorisées par l'assemblée ; 3° Sur la nomination et la révocation des employés salariés par le canton ; sur d'autres affaires, d'ailleurs, le comité a voix consultative. Avec une pareille organisation, comme le dit fort bien M. Kapnist (*Annuaire de Législation étrangère*, 1874), « le canton, sans jamais détruire ni remplacer les communes, sans même les soumettre à sa tutelle, leur a servi de lien et leur a donné le moyen de former une association grâce à laquelle elles peuvent développer leurs intérêts et obtenir des avantages que chacune d'elles, prise isolément, n'aurait pu se procurer. »

Cette administration des paysans russes est vraiment fort curieuse ; elle a été complétée par un acte de 1889 instituant toute une hiérarchie d'autorités supérieures chargées de contrôler les organes locaux, encore inexpérimentés ; je ne pourrais en donner une idée, même sommaire, qu'en sortant complètement de mon sujet; je dirai simplement que, pour éviter les abus des doyens, qui en fait, concentraient dans leurs mains toute autorité, la loi de 1889 a institué dans chaque Volost un chef cantonal nommé par le gouvernement et qui est chargé de la surveillance administrative en même temps que des fonctions de juge de paix.

§ 2. — *Prusse.* — Je m'attacherai seulement à la législation des six provinces orientales de la Prusse (deux provinces de Prusse proprement dites : Brandebourg, Poméranie, Silésie, Saxe); l'organisation administrative assez compliquée comprend les éléments suivants : les provinces se divisent d'abord en districts de gouvernement, ce sont de grandes circonscriptions, créées en 1875 et dont l'étendue est celle de deux ou trois de nos départements; chaque district se subdivise en cercles; ici la complexité apparaît : un cercle comprend ordinairement, d'une part, une ou plusieurs villes, d'autre part, un ou plusieurs bailliages, mais, lorsqu'une ville a une population suffisante pour former par elle-même un corps analogue au cercle, elle peut demander à être érigée en cercle séparé. Quant aux bailliages, ils sont constitués le plus souvent par la réunion de plusieurs communes rurales ou districts de terres (ce sont de vastes étendues appartenant à un seul propriétaire et qui, sous certaines conditions, peuvent obtenir une administration spéciale); mais là encore, une commune importante peut être, sur sa demande, constituée en bailliage indépendant, et de même un district de terres isolé et très étendu, sans qu'il y ait à tenir compte de sa population. Dans cet organisme, le bailliage seul m'intéresse directement. C'est une loi du 13 décembre 1872 sur les cercles qui a établi entre la commune et le cercle cette institution du bailliage groupant plusieurs communes ou districts de terres ayant des intérêts communs; cette loi, d'ailleurs, n'a fait que consacrer une situation de fait déjà existante, car depuis longtemps s'étaient formés des sortes de syndicats pour la défense de certains intérêts identiques. Le cercle rural, dit la loi de 1872, article 47, est divisé en bailliages (Amtsbezirke), « au point de vue de l'administration de la police et de l'expédition des affaires publiques ».

Chaque bailliage doit, autant que possible, embrasser un territoire compact et arrondi, dont l'étendue et la population doivent être déterminées de manière à assurer, d'une part, l'accomplissement des devoirs imposés par la loi qui règle l'administration des bailliages, et d'autre part, à ne point rendre trop difficiles l'action directe et l'exercice des fonctions de l'administration locale. La constitution définitive des bailliages, ainsi que toutes les modifications ultérieures, sont opérées par le Conseil provincial, d'accord avec le Ministre de l'Intérieur, après avoir entendu les intéressés et la diète du cercle. Les organes administratifs du bailliage sont, au termes de la loi de 1872, le bailli et le Comité du bailliage. Dans les bailliages qui ne se composent que d'une seule commune,

l'assemblée communale exerce les attributions du Comité ;
dans les bailliages formés de la réunion de plusieurs éléments, chaque commune envoie un représentant au moins
pour constituer le Comité de bailliage ; elle envoie son
maire d'abord, puis ses échevins, s'il y a lieu ; le nombre
des représentants que chaque commune peut déléguer est
réglé par la diète du cercle, qui tient compte de la population et du produit de l'impôt ; les élections au Comité
de bailliage sont validées par le Comité lui-même, sauf
recours au Comité du cercle. Enfin, dans les bailliages
composés seulement d'un district de terres, il n'y a pas
de Comité de bailliage. Le Gouvernement est représenté
dans le bailliage par un bailli ; dans les bailliages qui ne
comprennent qu'une seule commune, le préposé de la
commune est en même temps bailli ; dans les autres cas,
le bailli est nommé par le président supérieur sur la proposition de la diète du cercle qui doit le choisir parmi les
habitants du bailliage ; la nomination est faite pour six ans.
Les attributions du Comité du bailliage et du bailli sont
énumérées très en détail par la loi : d'abord, les communes qui font partie d'un bailliage ont le droit de soumettre au Comité diverses affaires d'intérêt communal, en
vertu d'une décision prise à l'unanimité des voix ; cette
idée de la loi de 1872 est fort intéressante, il y a là, en
somme, combinaison du système cantonal et du système
syndical de la loi française de 1890 ; comme dans ce dernier, les communes gardent leur liberté, l'initiative doit
venir d'elles ; mais aussi, quand elles se décident, elles se

trouvent en présence d'organes institués à l'avance et ne peuvent se servir que d'eux.

En dehors de ces délégations possibles, le Comité a des attributions propres : le contrôle de toutes les dépenses de l'administration du bailliage et le vote de celles qui doivent être supportées par lui ; l'avis à donner sur des modifications dans la délimitation du bailliage; la nomination ou l'élection de commissions ou de commissaires spéciaux chargés de la préparation et de l'exécution de ses propres décisions ; enfin, surtout le Comité de bailliage délibère sur les règlements de police que le bailli a le droit de faire avec le concours du Comité de bailliage; c'est là un des traits caractéristiques de l'organisation prussienne « placer un Conseil émanant de l'élection à côté du représentant du pouvoir central, pour l'assister et le surveiller dans son action ». (De Ferron, *Institutions municipales et provinciales comparées*, 1889.)

Le bailli, d'après l'article 59 de la loi de 1872 sur les cercles, exerce : 1° la police, notamment en ce qui concerne la sécurité générale, l'ordre public, les mœurs, la santé publique, la voirie, le régime des eaux, des champs, des forêts et de la pêche, l'industrie, les constructions et les incendies, en tant que ces attributions ne sont point conférées par des lois spéciales à d'autres fonctionnaires ; 2° les autres attributions d'intérêt public que les dispositions de la loi attachent à ces fonctions. Le bailli, par exemple, en ce qui concerne les chemins publics, doit veiller à ce qu'ils soient entretenus dans l'état

réglementaire, et qu'aucun obstacle ne soit apporté à
la circulation ; après une mise en demeure ou même
sans mise en demeure s'il y a danger, il peut recourir à
des prestations pour cet objet, aux dépens de la commune
qui entretient ses chemins avec négligence. Le bailli a le
droit de prendre des arrêtés de police avec l'assentiment
du Comité de bailliage ; si celui-ci refuse son assentiment,
il peut être remplacé par celui du Comité de cercle donné
à la demande du bailli ; il peut édicter des dispositions
pénales allant jusqu'à cinq thalers d'amende et trois jours
de prison. Le Comité de bailliage peut d'ailleurs se pourvoir au contentieux devant le Comité de cercle contre telle
ou telle décision du bailli. Celui-ci sert aussi d'intermédiaire au landrath et au Comité de cercle pour les affaires
qui se rattachent à l'administration générale ainsi que
pour le contrôle des affaires du bailliage ; les autorités des
communes et des districts de terre sont tenues d'exécuter
les prescriptions et les ordres que le bailli leur donne dans
la limite de ses attributions légales, et peuvent y être con-
traintes par lui au moyen de mesures coercitives. Enfin,
le bailli a des attributions judiciaires analogues à celles
de nos juges de paix.

En somme, le bailliage créé par la loi prusienne de 1872,
se rapproche sensiblement par la forme de ce qu'eut été
en France le canton, si le projet Goblet de 1882 avait
abouti ; mais les différences sont très profondes : le bailliage prussien est avant tout une circonscription de police
et n'est guère que cela, le conseil cantonal ne devait avoir

dans son domaine que certains règlements déterminés,
surtout de police rurale, les maires conservant par ailleurs
tous leurs pouvoirs; et puis, à qui appartient véritablement
l'autorité dans le bailliage ? au bailli, c'est-à-dire à un fonctionnaire, le comité se trouve réduit à un rôle presque purement consultatif, tandis que dans le canton français le
conseil électif seul était tout-puissant puisqu'on n'y instituait même aucun agent du Gouvernement. Les deux
institutions auraient pu se rapprocher par un côté, cependant; le comité du bailliage aurait pu voir son rôle s'élargir par délégation des communes; mais, comme notre loi
de 1890, la loi prussienne est restée sur ce point lettre
morte; les deux expériences coïncident, on n'a pas fait
usage de la faculté donnée; en présence de cet insuccès le
législateur prussien a dû recourir à d'autres moyens, mais
ceux-ci se rattachent plutôt à l'idée syndicale, — il ne
s'agit plus en effet, que de mesures particulières et l'on ne
s'attache plus à des circonscriptions préétablies — j'en re-
mets donc l'étude au numéro suivant.

§ 3. — *Angleterre.* — Rigoureusement, l'Angleterre
voudrait, dans cette rapide revue, une place à part, car
au point de vue de son administration, comme à tant
d'autres, elle diffère complètement des pays de l'Europe
continentale. « L'erreur serait aussi grande, écrivait
M. Ducrocq, de comparer la paroisse anglaise à la commune de France et de l'Europe continentale, que de comparer notre commune française, issue de la Révolution, à

nos anciennes paroisses ou communautés d'habitants
d'avant 1789, dont la condition était si différente de celle
du petit nombre de communes existant alors dans notre
pays (Th. Ducrocq, la loi municipale, p. 101). » Cela, cependant, était beaucoup plus exact il y a quelques années
qu'aujourd'hui; une loi de 1894, en effet, a réformé complètement la législation et l'a singulièrement rapprochée
de celle des autres États; mais, cette loi est trop récente
pour que je puisse en faire le point de départ d'une étude,
on ne peut d'ailleurs se rendre compte de son importance
que si l'on connaît l'état de choses qui la précédait, et cet
état de choses est si curieux, qu'en dehors de toute autre
considération, il mérite qu'on s'y arrête.

Avant 1894, la commune n'existait pas en Angleterre,
ou du moins, ne pouvait-on donner ce nom qu'aux bourgs.
La paroisse anglaise ne constituait pas une unité administrative comparable à notre commune, « où se trouvent
concentrés tous les services qui forment en France l'administration municipale ». Les attributions du Vestry en
effet, ou assemblée de la paroisse, étaient réduites à la nomination de certains agents, au service temporel de
l'Eglise et à l'entretien du cimetière, pour lequel il votait
une taxe spéciale.

La plupart des services locaux avaient leur organisation
à part, leurs districts spéciaux, administrés par des commissions particulières, élues par les contribuables. Cette
diversité n'était pas sans de graves inconvénients avec le
principe du Self-government local; aussi « les Anglais,

qui n'ont recours à la centralisation administrative qu'en
cas d'extrême nécessité, ont compris qu'il était urgent
d'organiser un pouvoir qui, dominant tous ces embryons
de municipalités, pût surveiller leurs actes, stimuler leur
inertie, obtenir la régularité, sinon l'uniformité, désirable
dans l'administration des intérêts qui leur sont confiés et
qui intéressent vivement la fortune et la salubrité publiques. » (Bull. de la Société de législation comparée 1874,
page 87). C'est alors que fut créé en 1871 un bureau, dit
du Gouvernement local « local-government-board », composé d'un président nommé par la Reine et révocable par
elle, du Lord président du Conseil privé, des principaux
Secrétaires d'État, du Lord du Sceau privé et du Chan-
celier de l'Échiquier et investi des anciens pouvoirs du
bureau des pauvres, du Secrétaire d'État et du Conseil
privé ; c'est ce local-government-board qui a préparé et
rendu possibles les réformes ultérieures.

Avant 1894 donc, les paroisses anglaises étaient groupées pour tous les services importants ; mais rien qui
rappelât ici la forme syndicale ; le groupement n'était pas
le moins du monde volontaire et les limites en étaient
fixées par l'autorité supérieure ; et puis, trait caractéris-
tique et qui s'éloigne du type du canton, le groupement
différait suivant qu'il s'agissait de tel ou tel service ; le
district sanitaire par exemple, ne répondait pas forcément
au district scolaire ni à l'union des paroisses. Il y avait là
quelque chose d'analogue à ce que nous voyons en France
pour les Départements, en ce qui concerne les services

d'État : il y a des circonscriptions judiciaires, universitaires, militaires, ecclésiastiques, etc., mais, les divers services locaux en Angleterre étaient administrés par des commissions élues.

De toutes les branches de l'administration locale anglaise, la plus importante est l'assistance; l'assistance, en effet, est depuis longtemps obligatoire et il a fallu organiser un service immense pour l'exécution de la fameuse loi des pauvres ; je n'ai pas l'intention de m'occuper, si peu que ce soit, de ce service en lui-même, c'est le vestry qui le dirigea longtemps, jusqu'en 1834. A cette époque, une loi créa ce qu'on appelle les unions de paroisses, circonscriptions de 30 à 40.000 habitants environ; certaines paroisses pauvres et mal peuplées en effet se trouvaient dans l'impossibilité de supporter leurs charges, alors que d'autres paroisses voisines jouissaient de ressources plus que suffisantes pour y subvenir; on établit entre elles une certaine solidarité et aux unions passa le soin de percevoir la taxe des pauvres, de construire et d'entretenir le workhouse.

A la tête de l'union fut placé un bureau d'administrateurs, guardians, élus alors à raison d'un au moins par paroisse par les contribuables paroissiaux et auxquels s'adjoignait *ex officio* le magistrat de paix. Ces unions, comme le faisait remarquer M. Bertrand à la Société de Législation comparée, ont produit des effets excellents et dépassant de beaucoup leur but immédiat : leur institution a apporté dans l'administration des paroisses plus d'activité et d'intelligence en la dégageant des préjugés de clocher ; surtout elle a fait cesser de nombreuses fraudes commises par la paroisse en matière de taxes locales, et permis de donner à celles-ci une base uniforme ; c'est qu'en effet, la plupart des taxes locales étaient établies d'après la taxe des pauvres et, l'évaluation du revenu sur lequel devait porter la taxe étant faite à la paroisse par l'inspecteur des pauvres, chaque paroisse portait ce revenu au minimum et usait de subterfuges variés pour diminuer autant que possible la taxe à payer au Comité. L'union des paroisses formait aussi un district pour l'enregistrement des actes de l'État civil.

Malgré l'influence énorme qu'ont exercée les unions de paroisses dans l'administration locale, les divers services ne s'y étaient cependant pas concentrés. A côté des unions et ne se confondant pas nécessairement avec elles, se trouvaient des districts sanitaires, placés d'abord sous la direction du bureau général de santé, puis sous celle du local government board. On distinguait des districts sanitaires urbains, et des districts sanitaires ruraux ; puis, parmi les districts urbains, il y avait encore des distinctions à faire, suivant qu'il s'agissait de bourgs, de districts constitués par un acte d'amélioration ou de districts de gouvernement local créés par le local government board ; bref, c'était une organisation fort complexe. Les services dont étaient chargés les bureaux des districts n'étaient pas moins multiples : écoulement des eaux, balayage, fourniture d'eaux, établissements dangereux ou insalubres,

maladies contagieuses, etc., etc. Le Comité sanitaire était
investi de la personnalité morale, il pouvait donc accomplir
tous les actes nécessaires à l'exécution des services dont il
était chargé ; il pouvait même faire des règlements et les sanc-
tionner par une amende pouvant aller jusqu'à cinq livres.

Pour les routes pouvaient exister des districts, mais ce
n'était que facultatif : la loi du 16 août 1878, qui a régle-
menté à nouveau la matière dit que ces districts devront,
autant que possible, coïncider avec les districts sanitaires
ruraux et les autorités établies dans ces derniers pourront
demander leur érection en bureaux de routes (Highway
boards) ; ils devront alors veiller à l'entretien des routes,
acheter des terrains pour en ouvrir de nouvelles, etc.

L'Angleterre, au point de vue de l'éducation élémen-
taire, était divisée en districts scolaires ; dans ces districts,
d'après une loi du 9 août 1870, il pouvait être créé, sur
l'initiative des localités ou du département de l'éducation,
un conseil scolaire. Ce conseil avait dans ses attributions
la création des écoles, leur entretien, leur direction ; puis
la loi du 15 août 1876 a décidé que dans les districts où
n'existait pas de conseil serait créé un comité d'assiduité
avec des attributions sensiblement semblables ; le Conseil
scolaire plus important, était composé de membres élus
par les bourgeois ou les contribuables ; il constituait une
personne morale ayant pouvoir d'acquérir sans autorisation spéciale, d'accepter les dons et legs relatifs à l'éducation ; il nommait le maître d'école et pouvait le révoquer ;
\ faisait des règlements sur l'assiduité rendus obligatoires

par une loi du 26 août 1880 ; il faisait des rapports au
département de l'éducation. Le Comité d'assiduité, créé en
1876 dans les districts non pourvus de conseil scolaire,
avait à peu près les mêmes attributions ; mais, il était
nommé chaque année, dans les bourgs par le conseil du
bourg, et dans les paroisses par le bureau des guardians
sous la surveillance desquels il restait placé.

Telle était, dans ses principaux traits, l'organisation qui
subsista en Angleterre jusqu'à ces dernières années ; les
services locaux se trouvaient donc répartis entre les mains
de Commissions locales ayant chacune sa sphère d'activité
bien déterminée et sa circonscription particulière.

C'est dans cet état de choses que la loi du 5 mars 1894
a opéré un bouleversement profond, et elle constitue une
révolution véritable. L'Angleterre, en effet, fidèle jusque-
là à ses vieilles traditions et dont la plus grande originalité consistait dans l'absence d'une théorie générale d'organisation administrative, dans l'accumulation d'institutions ne cadrant point entre elles et s'enchevêtrant au
hasard des besoins nouveaux, l'Angleterre, comme le dit
M. Alexandre Dehaye, « affecte aujourd'hui de ne remarquer que les inconvénients de la mêlée irrégulière de ses
institutions et de ses lois dont elle admettait jusqu'à
présent l'avantage pour la facile action et même le perfectionnement du grand mécanisme social..... Cette élasticité
et cette souplesse de son ancien esprit national lui déplai-
sent... Elle envie notre rectitude et notre implacable
logique. Il lui faut maintenant, à notre exemple, une

législation symétrique et comme tirée au cordeau ». Quels que soient les regrets des amis du self-government, il est bien certain cependant qu'avant 1894 il était fort difficile au local-board d'exercer un contrôle efficace sur l'administration ; il fallait simplifier la machine : c'est dans cet esprit qu'a été opérée la réforme de 1894 : les unions, les districts sanitaires, les districts routiers auront désormais toujours le même territoire et les anciennes attributions des guardians-boards des Comités sanitaires et des bureaux de routes passent entre les mains d'une assemblée unique qui prend le nom de Conseil de district.

Depuis cette loi, l'Angleterre, quoique se distinguant encore par bien des côtés du reste de l'Europe, s'en éloigne cependant beaucoup moins ; il ne faut pas certes chercher l'uniformité complète que nous trouvons en France, mais c'est un grand pas qui est déjà fait dans cette voie. Et d'abord, la paroisse cesse d'être surtout ecclésiastique ; à l'ancien vestry qui subsiste, on ne laisse que les affaires purement religieuses, celles qui rentrent dans les attributions de nos fabriques paroissiales françaises ; à la tête de ce qu'on peut appeler « la paroisse civile, se trouve une assemblée, l'assemblée de tous les habitants ; dans les villes qui ont 300 habitants et plus, cette assemblée nomme un Conseil de paroisse ; le Conseil n'a point, comme notre Conseil municipal, la plénitude des affaires intéressant la paroisse ; mais, la loi lui donne des pouvoirs relativement très étendus : c'est lui qui nomme les overseers ou inspecteurs des pauvres, qui reçoit les aumônes n'ayant pas une destination exclusivement religieuse et qui nomme les curateurs chargés de les administrer, qui prend à loyer des terres pour lotissements, etc. Non moins importante que la création des Conseils de paroisse est celle des conseils de districts, concentrant en leurs mains les anciens pouvoirs des diverses autorités locales qui fonctionnaient autrefois côte à côte. Ces districts empruntent le territoire des unions, sauf quelques retouches faites aux circonscriptions de manière à ce qu'une paroisse n'empiète pas sur deux districts. On distingue des districts urbains et des districts ruraux, surtout au point de vue des élections; aucun membre des nouveaux Conseils ne pourra plus, d'ailleurs, arriver *ex officio* ou à la nomination. Les Conseils des districts ont des attributions très étendues ; une énumération complète n'est pas possible, mais il suffit de s'attacher aux chefs principaux pour se rendre compte de l'étendue de leur activité. Ils ont naturellement d'abord les pouvoirs sanitaires, service des égouts, inspection des aliments, approvisionnement d'eau, et peuvent, sur ces matières, édicter une véritable législation locale; ils ont succédé au bureau des routes ; enfin, et c'est la plus grosse innovation, ils exercent aussi les pouvoirs des anciens guardians-boards des unions. Le district ainsi étendu se trouve, dans la hiérarchie administrative, immédiatement au-dessous du Comité qui, depuis 1888, est administré par un Conseil électif, sorte de Conseil général.

Et maintenant, dans l'état actuel de la législation anglaise, malgré le rôle immense que joue en Grande-

Bretagne l'association, c'est en vain que nous chercherions une institution analogue à nos syndicats de communes ; la loi de 1894 parle bien de groupements de paroisses, mais c'est dans un but tout différent que celui que poursuit la loi française du 22 mars 1890 : il s'agit tout simplement ici, en réunissant plusieurs paroisses, d'arriver à une population suffisante de nature à justifier la création d'un Conseil de paroisse.

D'ailleurs, il n'y aurait point place aujourd'hui, en Angleterre, pour des syndicats de paroisses ; tous les services importants en effet pour l'exécution desquels on pourrait craindre une insuffisance de ressources dans les petites paroisses, se trouvent entre les mains du Conseil de district qui, placé à la tête d'une circonscription plus vaste, peut facilement y subvenir. Le district anglais apparaît bien plutôt comme quelque chose d'analogue à ce qu'eut été le canton, d'après le projet Goblet de 1882 : une unité administrative placée entre la paroisse et le Comté. Sa création est-elle une bonne chose ? Il est bien impossible de se prononcer *a priori* et l'on se voit obligé d'attendre les résultats de la pratique ; d'ailleurs, à supposer que ceux-ci soient satisfaisants, il n'y aurait là aucun argument en faveur d'une organisation cantonale en France ; en Angleterre, en effet, la création des districts n'a pas été faite de toutes pièces ; elle a constitué même une simplification : les services qui y ont été réunis ne sont point nouveaux, ils s'y trouvaient déjà, on les a simplement concentrés entre les mains d'un Conseil unique.

§ 3. — L'idée syndicale à l'étranger.

L'idée syndicale à l'étranger. — § 1. Prusse. Loi du 3 juillet 1891 : syndicats forcés. — § 2. Hongrie. — § 3. Belgique. Hospices intercommunaux.

§ 1er. — *Prusse Orientale.* — (Cf. *Annuaire de Législation étrangère,* 1891, la loi du 3 juillet 1891 sur l'organisation des communes rurales dans les sept provinces orientales de la Prusse et la notice de M. Chambon). — La réorganisation des communes rurales n'avait cessé d'être demandée depuis qu'une loi du 19 novembre 1808 avait accordé aux villes un certain degré d'autonomie. On réclamait « la réorganisation sur des bases plus certaines et plus larges d'autorités capables d'exercer un contrôle éclairé et une surveillance efficace sur l'administration des communes rurales, permettant de laisser à celles-ci une part plus grande de la gestion de leurs affaires et de leur accorder une autonomie presque entière, sous la réserve de ce contrôle et de cette surveillance ». La loi de 1891 a pour but de donner satisfaction à ces aspirations; elle a pris aussi pour éviter les inconvénients des communes trop petites ou trop pauvres les mesures les plus énergiques : 1° Les communes et les districts de terres incapables de remplir leurs obligations de droit public pourront être dissoutes par une ordonnance royale; 2° Plusieurs communes ou districts peuvent être fusionnés soit par leur accord et avec l'autorisation du roi ; soit, lorsque l'intérêt public l'exige, par le comité du cercle statuant administrativement; de même des parties de territoire d'un district ou d'une commune peuvent en être détachées et annexées à une autre commune ou district ; 3° la loi du 13 décembre 1872 avait bien permis aux communes de charger les bailliages de certains services leur incombant ; mais faute de moyens de contrainte, cette disposition n'avait pas été appliquée.

La loi de 1891 crée des unions de communes et de districts de terres voisins en vue de donner satisfaction à des intérêts communs (titre IV, art. 128 et s.). Cette union est réalisée par une décision du comité de cercle rendue avec le consentement des parties intéressées ; si leur accord ne peut être obtenu, le Président supérieur, lorsque l'intérêt public le réclame, prononce l'union après qu'il a été suppléé aux consentements des parties par une décision administrative du comité de cercle. Il en est de même, pour les modifications à apporter aux unions ou pour leur dissolution. On prend en considération, pour la formation des unions, l'existence d'autres unions telles que bailliages, unions ecclésiastiques ou scolaires, unions pour la construction des chemins vicinaux, associations de bienfaisance. Les unions peuvent acquérir les droits de corporation publique par ordonnance royale sur leur demande,

elles sont autorisées à prendre à frais communs toutes les
mesures et dispositions réclamées par l'intérêt commun.
Si elles sont chargées de la bienfaisance publique, elles
constituent des unions générales, au sens de la loi du
8 mars 1871, et les dispositions du titre IV sont applicables
aux unions de bienfaisance déjà existantes (la loi de 1871
sur le domicile de secours créait des unions charitables
composées d'une ou plusieurs communes ou hameaux con-
sidérés comme ne constituant qu'un corps au point de vue
des rapports réglés par la loi). La situation juridique des
unions est réglée par un statut, arrêté amiablement par
les parties, et soumis à l'approbation du comité du cercle.
Ce statut comprend : 1° la désignation des communes ou
districts entrant dans l'union; 2° les intérêts auxquels
l'union a pour but de pourvoir; 3° le nom de l'union et le
siège de l'administration; 4° le mode d'après lequel seront
prises les décisions d'intérêt commun; 5° le mode de nomination du préposé de l'union; 6° le prorata de la répartition des contributions aux dépenses communes; chaque
commune est d'ailleurs libre de pourvoir, suivant son organisation particulière, aux moyens de fournir sa part contributive. Lorsque les communes ne peuvent pas s'accorder pour adopter un statut, le comité du cercle en arrête
les termes après les avoir entendues. On applique alors
les règles suivantes : l'union est représentée par son comité et son préposé (pouvoir exécutif). Le comité se compose des représentants des communes ou districts de terres,
chacun a au moins un délégué, les communes sont repré-

sentées par leurs préposés et leurs échevins, et, si le
nombre en est insuffisant, par des délégués élus ; le nombre
des délégués est calculé d'après le montant des impôts di-
rects d'État levés à l'époque où le statut est arrêté dans le
territoire de la commune ou sur le propriétaire du district.
Le comité choisit dans son sein le préposé et un suppléant
nommés pour six ans comme les préposés des communes.
Ce titre IV s'applique aux unions de communes rurales ou
districts de terres avec des communes urbaines, sauf que
les autorités qui interviennent alors sont les autorités du
district et non plus celles du cercle.

§. 2. — *Hongrie.* — En dehors du droit commun, sont
placées, en Hongrie, « les saintes villes royales » investies du
droit de municipalité c'est-à-dire composant à elles seules un
municipe et jouissant par conséquent d'une autonomie considérable ; ce sont à peu près toutes les grandes villes du
pays. A part ces lieux privilégiés, la loi XVIII de 1871 distingue : les villes (ce sont les petites villes) qui ont un Conseil
constitué et des attributions assez étendues, spécialement
en matière de police, elles sont surtout soumises à une
ingérance moins immédiate de l'autorité supérieure. Les
grandes communes sont celles qui, sans posséder un Conseil constitué, peuvent se soutenir toutes seules et remplir
toutes leurs obligations municipales. Enfin, les petites
communes sont celles dont les ressources sont trop res-
treintes pour leur permettre de remplir les devoirs imposés, il leur faut alors se syndiquer à cet effet avec d'autres

communes : de pareilles unions peuvent être instituées par exemple pour l'entretien du notaire du cercle ; la loi XIV de 1876 sur le régime sanitaire décide que chaque commune importante doit avoir un médecin communal, les communes de moindre importance sont groupées par 6.000 ou 10.000 habitants pour former un cercle sanitaire qui doit avoir également un médecin de cercle ; de même pour la sage-femme, obligatoire à toute commune ayant 1.500 habitants. D'après la loi XXII de 1881, article 134, les communes peuvent former, par l'intermédiaire de la Commission administrative du municipe, un syndicat spécial pour l'ouverture, la construction et l'entretien des chemins vicinaux et des ponts qui les relient. La proportion dans laquelle chaque commune devra contribuer à la construction de ces chemins et ponts, est déterminée par la Commission administrative du municipe après audition des parties intéressées, si les communes ne peuvent tomber d'accord. Enfin, lorsqu'une commune, à raison de son isolement ou des difficultés de communication, ne peut se syndiquer avec une ou plusieurs petites communes à l'effet de remplir ses obligations communales, le municipe peut exceptionnellement l'autoriser à se syndiquer à une grande commune voisine, sans que celle-ci perde son caractère de grande commune.

§ 3. — *Belgique.* — La Belgique a, comme la France, une organisation municipale uniforme sans aucune distinction d'après l'importance de la population ; les inconvénients des

petites communes ont dû dès lors s'y faire sentir aussi vivement que chez nous, il ne semble pourtant qu'aucune mesure
générale ait été prise jusqu'à présent. On n'a opéré de
réforme que sur un point, mais c'est bien le plus urgent, et
la loi nouvelle semble inspirée de notre loi du 22 mars 1890.
(Cf. *Revue générale d'Administration*, novembre 1897.)

La loi du 7 novembre 1892 sur l'assistance médicale
gratuite prescrivait aux communes certaines mesures en
vue notamment de suppléer à l'insuffisance ou à l'absence
d'établissements hospitaliers ; elle laissait, d'ailleurs, aux
autorités locales le soin d'apprécier si elles avaient à ins-
taller elles mêmes des établissements de cet ordre. Mais
la plupart des communes ne possédaient pas les ressources
nécessaires à l'institution d'un hôpital ou d'un hospice ;
auraient-elles même pu faire la dépense que celle-ci eût
été hors de proportion avec le résultat à atteindre, par
suite du chiffre peu élevé de population et, dès lors, de
malades. De nombreuses demandes furent adressées au
Gouvernement pour obtenir l'autorisation de s'associer ;
plusieurs communes pourraient ainsi créer, à frais communs, des hôpitaux qu'elles n'auraient pu fonder isolément ; mais la législation belge ne prévoyait pas l'association des communes « même pour améliorer ou étendre les
services rentrant dans leur spécialité » ; le Gouvernement
néanmoins, convaincu de leur utilité, présenta un projet
qui est devenu la loi du 6 août 1897. Je n'en veux indiquer que les dispositions essentielles : deux ou plusieurs
communes peuvent être autorisées par le Roi après avis de

la députation permanente, à se réunir pour fonder et entretenir des établissements hospitaliers qui jouiront de la personnalité civile; ils seront administrés par une Commission intercommunale composée, d'après la volonté des communes approuvée par le Gouvernement, chaque commune devant être représentée; les délégués sont nommés par les Conseils communaux; les bourgmestres de chaque commune peuvent toujours assister aux séances de la Commission avec voix consultative. La Commission siège au chef-lieu de la commune où se trouve l'établissement sauf disposition contraire. L'acte d'autorisation peut déterminer la durée de l'union; autrement elle peut se dissoudre sur la proposition de la majorité.

« Toutefois, dit l'article 11, qu'un terme ait été fixé ou non, l'association ne peut se dissoudre que du consentement de toutes les communes, lorsque l'existence de l'établissement fondé en commun est pleinement assurée par des fondations, dons ou legs. La dissolution est prononcée par arrêté royal, les députations permanentes entendues. » Alors, sous réserve des droits des tiers, les biens de l'association sont dévolus aux administrations locales de bienfaisance en proportion du concours pécuniaire de chacune d'elles et suivant la part contributive des communes ayant participé à la création et à l'entretien des établissements hospitaliers intercommunaux.

CONCLUSION

Que ressort-il, en somme, de la rapide esquisse que
j'ai tenté de quelques législations étrangères, les plus
importantes ?

A mon avis, rien qui modifie sensiblement les conclusions auxquelles je me suis rallié déjà au cours de ce travail : le système des grandes communes est à repousser,
tout d'abord : certes, des pays qui, comme l'Italie, le possèdent depuis des siècles, commettraient, en ne s'y atta-
chant pas fermement, une faute impardonnable ; les pays
neufs, d'autre part, auraient un tort immense, ayant à
construire de toutes pièces leur organisme administratif,
de ne point établir à sa base des unités solides et puissantes ;
mais je m'occupe ici de la France, or, en France, il ne
s'agit point de conserver ni de créer, il s'agit de réformer;
on est en présence d'un certain état de choses historique,
cet état de choses présente des défauts sérieux, ce n'est
pas une raison pour le supprimer, il faut essayer, avant
tout, de l'améliorer. Une mesure qui viendrait actuellement supprimer les communes existantes pour instituer
une division nouvelle constituerait une révolution immense :
il y aurait là un fait plus important peut-être qu'un chan-

gement dans la forme du Gouvernement, car il retentirait avec la même intensité sur tous les points du territoire ; or, pour prendre une telle décision, il faudrait vraiment avoir épuisé toutes les autres expériences ; l'Espagne et le Portugal ne sont point assurément des pays à prendre pour exemple et chez nous-mêmes la tentative de l'an III n'est pas faite pour nous encourager : qu'on se rappelle pendant combien de temps il suffit d'en invoquer le souvenir pour faire immédiatement repousser toutes les propositions de réformes ; c'est là le fait de tous les excès ; on veut aller au but tout droit, sans discuter les moyens en abattant d'un seul coup les obstacles : ceux-ci ne tardent pas à se redresser plus forts que jamais, c'est le règne de la réaction : en définitive, le progrès se trouve retardé.

Bien autrement acceptable serait une organisation cantonale respectant l'individualité des communes ; il est certain qu'elle apporterait à l'état actuel des choses une amélioration qui pourrait avec le temps devenir très grande ; mais j'ai déjà dit aussi les objections qu'elle soulève, dans quels cercles étroits, indissolubles, elle enserre les intérêts, quelles complications elle apporterait aussi dans notre organisme en s'imposant partout et en même temps.

De plus en plus, je me rattache donc à l'idée syndicale ; avec elle, on n'opère point par grandes masses, mais individuellement : de telle façon, aucune force ne se perd, rien n'est inutile, puis tout est combiné de manière à obtenir la plus parfaite adaptation possible au besoin de l'organe chargé de le satisfaire ; les communes, d'autre part, recouvrent leur liberté d'action et ne sont plus enfermées dans des moules uniformes; ce sont, comme il convient, les intérêts seuls qui déterminent les groupements; enfin, dominant tout cela, le grand principe de liberté de l'association. Notre loi française de 1890 énonce ce système; par malheur elle n'a pas su, ou plutôt, elle n'a pas pu l'introduire dans les faits; toujours nous devons y tendre, mais, je persiste à croire que les temps ne sont pas venus de sa complète application; à l'étranger comme en France, nous avons vu combien peu il faut compter sur l'initiative communale: partout domine le principe d'autorité, adoptons-le donc aussi, mais aspirons à l'abandonner bien vite et ne nous en servons que dans un but d'éducation libérale, de large émancipation. Il faut savoir sacrifier aujourd'hui pour réaliser la grandeur de demain.

Vu :
Le Président de la thèse.
BERTHÉLEMY.

Vu :
Le Doyen,
GLASSON.

Vu et permis d'imprimer :
Le Vice-Recteur de l'Académie de Paris,
GRÉARD.

TABLE DES MATIÈRES

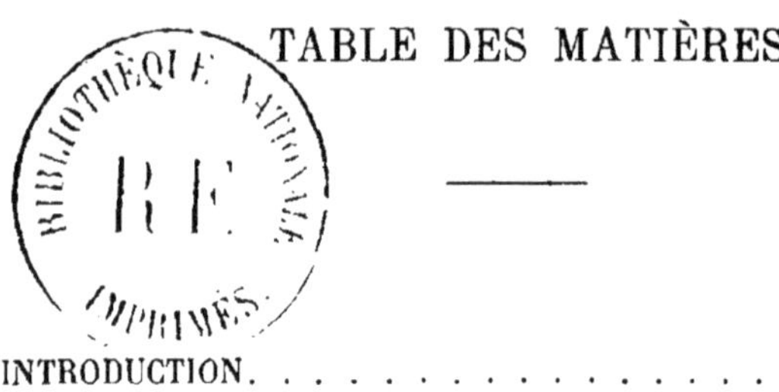

DEUXIÈME PARTIE

Les Projets d'organisation cantonale.

TROISIÈME PARTIE

L'Idée syndicale. La Loi du 22 mars 1890 sur les syndicats de communes.

QUATRIÈME PARTIE

Législation comparée.

www.ingramcontent.com/pod-product-compliance
Ingram Content Group UK Ltd.
Pitfield, Milton Keynes, MK11 3LW, UK
UKHW020159130726
13696UKWH00002B/605